わたしの旅ブックス
048

やがてすべては旅になる
壊れた自転車で行く四国一周

小林みちたか

産業編集センター

プロローグ　東京

心臓が締めつけられるのは、決まって夜だった。たしか父は四十九歳のとき胸の血管が破裂した。

このところ寝つきが悪かった。

そこへ数日前から、芸能人の自死のニュースが澱のように頭にこびりついていた。ふと彼はどんな風に死んだのだろうかと考えてしまう。そのたびに心臓が締めつけられるようになっていた。

今夜は妙に長い。徐々に胸の圧迫感が強くなる。天井がグーッと迫ってくるような息苦しさを覚えた。そういえば、子どもの頃もこんな感覚によく襲われていた。

僕は寝るのをあきらめ、布団から出てデスクの前に座った。誰もいない部屋で電気もつけず、スマホを見るでもパソコンを立ち上げるでもなく、ただただ真っ暗な部屋の中で呆けたようにイスに座っていた。

――三冊目の本を書いていた。

つまりこれまで本を二冊書いているわけだが、日頃はコピーライターとして企業の広報宣伝の文章やインタビュー記事なんかを書いている。三冊目の本といっても出版社から執筆依頼があったわけではなく、書きたいから書いているだけで、書かなくても誰かに怒られることもない。

そもそも本を書きはじめたのは、ここ数年のことだ。

きっかけは、父だった。

生まれてこの方、父から褒められた記憶がない。大学に受かったときも、「まぐれだ」と吐き捨てられた。大学受験を知らない父は浪人生のプレッシャーなど知る由もないだろうが、あまりに悔しくて、十九にして涙を流してしまった。

実際のところ、父は長年患っていた血管系の疾患を抑える劇薬の副作用で、感情の制御が利かなくなることがあった。そこへ僕の反抗期が重なり、十代の頃は父との口論が絶えなかった。ときには口論を超えた衝突さえあった。先の発言も反抗を盾に僕が父の期待を裏切りつづけた延長線上にあり、父に罪はない。付け加えれば、後日、父は僕の進学先の教育環境などを調べ、わざわざ片道二時間近くかけてキャンパスの見学にも行ったそうだ。できたばかりの学部だったので、世間知らずの末っ子の行く末を心配したのだろう。

ともかく。

父から褒められたいという渇きは、僕の最大のコンプレックスだったように思う。だから父が要介護5となり、もはやそう長くは生きられないという状況になったとき、物書きの端くれとして本の一冊でも書けば父が喜んでくれるのではないか、あわよくば褒めてくれるのではないかと考えたのだ。

ただ、人生とはそう思い通りにはいかない。

とある賞に引っかかり本を出版できたのは、父の一周忌を終えた後だった。ならばせめて母にと願ったが、その頃には母もすでに大病を患っていて、数ページを読むのがやっとの状態だった。

運よく二冊目も書くことができたが、発売されたのは母のちょうど一周忌の頃で、結局、一番読んでほしかった人たちに読んでもらうことは叶わなかった。

その事実が心にぽっかりと穴を空けていたことに気がついたのは、三冊目を書いている最中だった。

あーそうか、もういないのか。

自分にしかできない仕事なんてないが、親孝行は子どもにしかできない。

もう何をしても両親に届くことはないという当然の状況をここにきてようやく理解したように思う。

だからかもしれない。

これまでなら、たとえ難民キャンプでお腹を空かせた子どもたちのニュースを見ても、「まったくひどい話だ」と同情した五分後には「さてランチは久しぶりにあそこのカレーにするか」と切り替えられたのに、自分が平穏に生きていることを後ろめたく感じてしまう。というよりも、世の中には悲惨な暮らしを強いられている人たちがたくさんいるのに、お前だけズルいぞとバチがあたりそうで怖いのだ。

残酷で空虚なニュースばかりが目につき、後ろめたさと恐怖と世の中への失望がどんどん大きくなる。周りからのちょっとした言葉に傷つき、それは過去に自分が周りを傷つけてきた報いだと自らを責めてしまう。

追い討ちをかけるように、苛烈な言葉で僕の人間性すら否定するような著書への嘲笑を思いがけず目にしてしまい、心臓が止まりかける。見えないパンチほどよく効く。

そこへきての三冊目だった。

書いても書いても自分の文章が陳腐に感じ、ものすごく無意味なことをやっているような気がしてならなかった。

自分がひどく無価値な存在に思えた――

真っ暗な部屋でしばらくイスに座っているとやがて胸の圧迫感がおさまり、今度は背後から波に飲まれるような抗い難い圧力が全身をぎゅーっと締めつけてきた。

生きていく気力をごそっと抜かれるような無力感。

何もかもがめんどーに思えてくる。傷つくことにも、怯えることにも疲れた。

やがてものすごく残酷な感情がせり上がってきた。

意識と行動が乖離しているのか、左手が自分の首をつかむ。隆起した喉仏を手のひらに感じる。

　おいおい自分の手じゃ無理でしょと笑い飛ばしたいが、首から左手を離そうという気が起きない。

　クローゼットのノブが目に入る。こんな低い位置でもネクタイを使えばできるのかという考えがちらつき、だから報道は慎重にしないといけないのかと妙に得心した。

　こんなこと、はじめてだった。

　やりたいこともやらなきゃいけないこともわかっている。それらが思うようにいかないことにも慣れている。世の中の理不尽さも知っているつもりだ。幸せを感じることだってたくさんある。

　絶望するような状況じゃない。

　なのに、息が苦しい。

　そうか。

　理性を飛び越えていくから、衝動なのか。

　未知の領域を垣間見た気がした――

目をつぶり妻と幼い娘の顔を思い浮かべた。口角を持ち上げて無理に笑顔をつくった。
そしてゆっくりと首から左手を引き離した。
「やばいなあ……」
思わず言葉が漏れた。
その音を耳から受け取ると、少しずつ落ち着きを取り戻していった。
デスクの時計に目をやると布団を出てから一時間近くがたっていた。

やがてすべては旅になる
目次

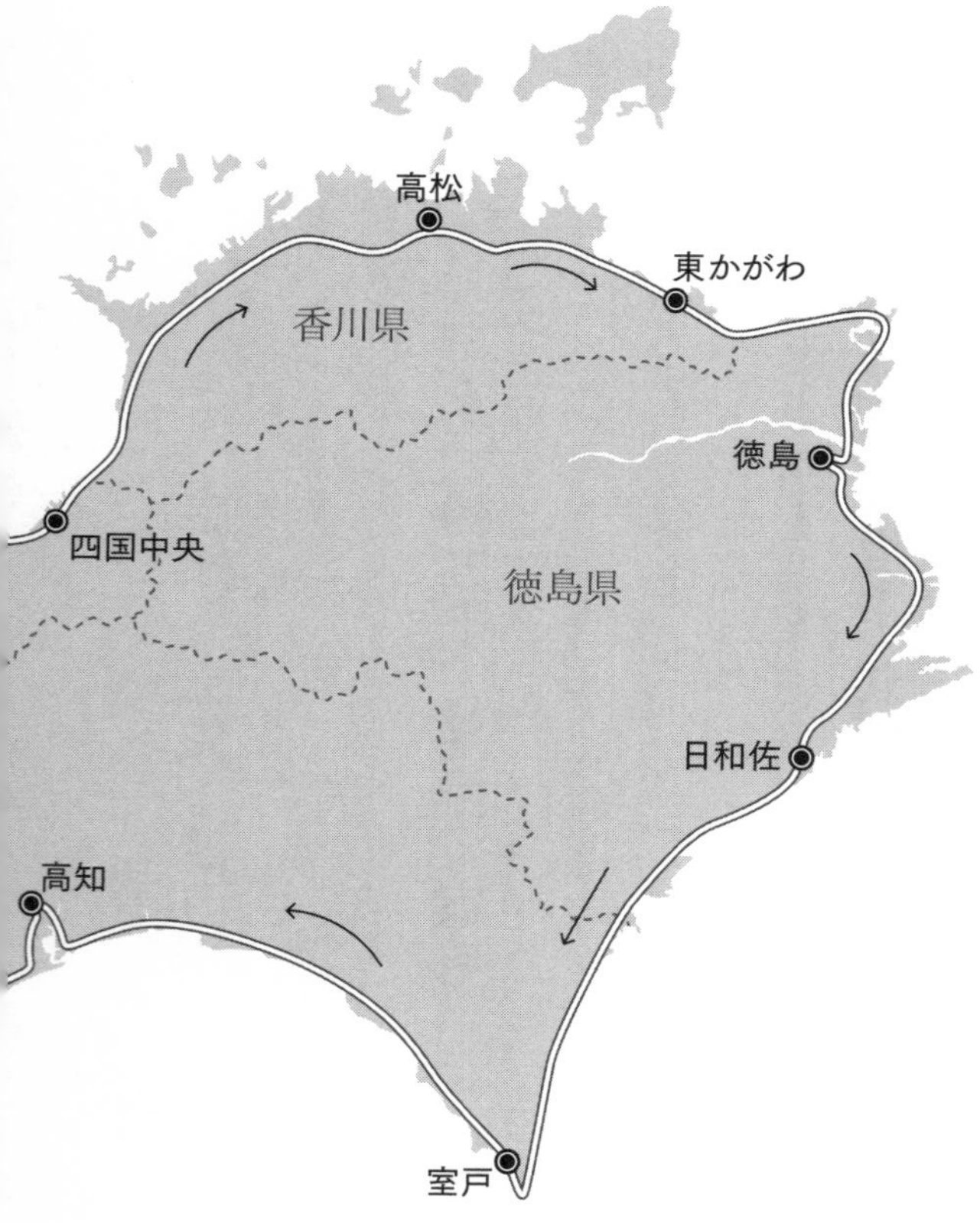

著者が自転車で走った四国一周ルート図

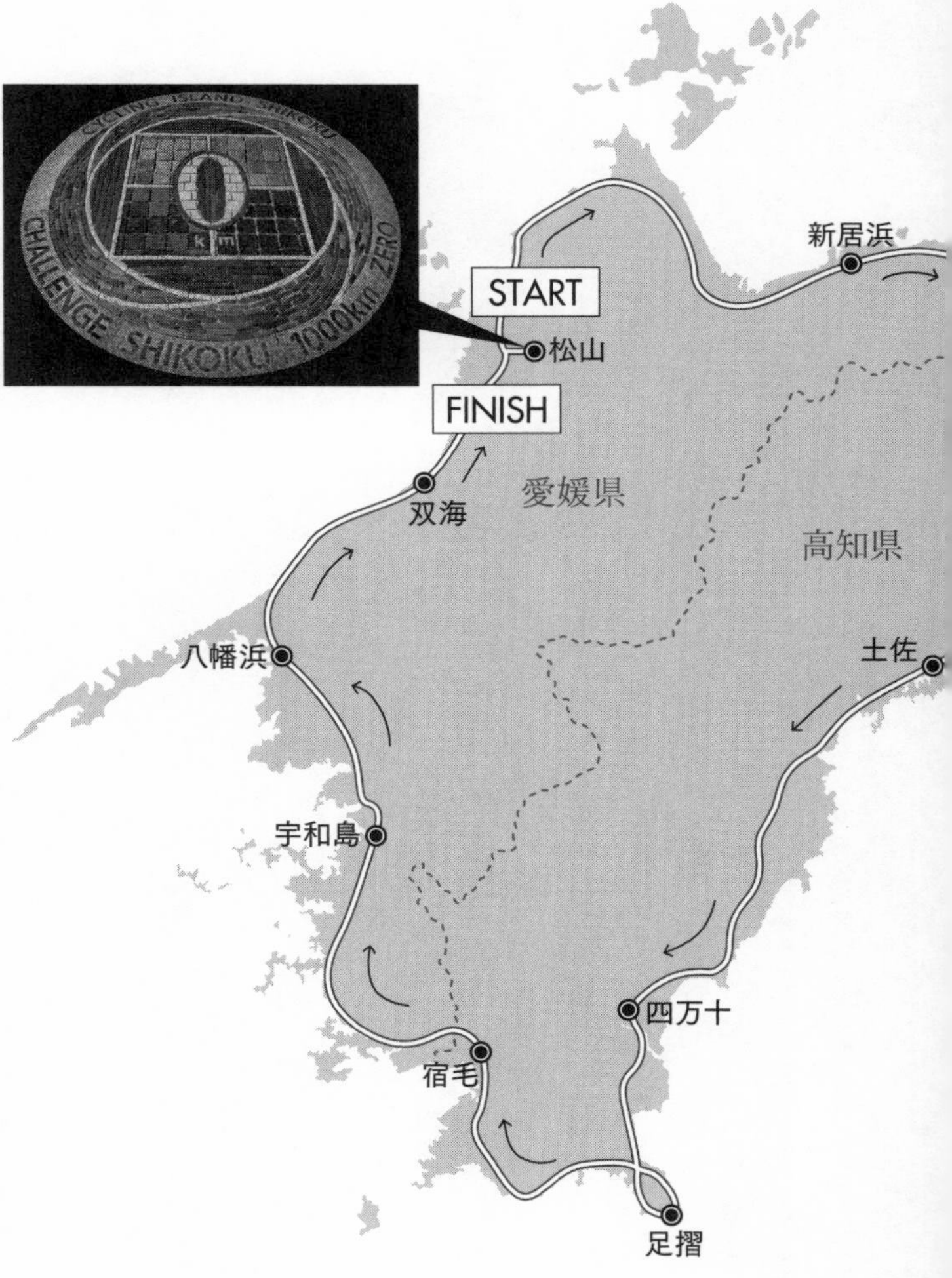
CYCLING ISLAND SHIKOKU
0
km
CHALLENGE SHIKOKU 1000km ZERO
START
FINISH
松山
新居浜
双海
愛媛県
高知県
八幡浜
土佐
宇和島
四万十
宿毛
足摺

1

東京――松山――新居浜――四国中央

夏がはやすぎる

朝四時。今日も浅い眠りだったのは、はじめての地を旅する前の不安と高揚によるものだと信じたい。愛媛行きのフライトは七時十五分発。まだ時間はたっぷりある。

愛媛には大学の先輩が暮らしている。突飛でノリがよく情に厚い人で、よく麻布や六本木なんかに呑みに連れていってくれた。てっきりそのまま東京で派手な業界に就職すると思っていた。だが先輩は就活前にアイルランドの郊外を旅し、「やっぱりオレはああいう方がいいや」と言って生まれ故郷の愛媛に帰っていった。

どこかへ旅に出ようと考えたとき、なぜだか十年以上前の先輩の言葉が頭に浮かんだ。愛媛は訪れたことのない地だった。パンデミックがおさまらない今、最適な旅先に思えた。

朝食の納豆ごはんをかき込む。五年くらいほぼ毎朝同じメニューを食べている。いちいち考えなくてすむから楽だ。五時になり、バラした自転車の入った輪行バッグを左肩に担ぎ、家を出た。すぐ目の前に、黒い軽のワンボックスカーが停まっていた。

右手でコンコンと窓ガラスを叩くと運転席で寝ていた男が目を覚ました。

「おーみっちゃん、おはようさん」

車から降りてきたタンクトップの男は中学の同級生T。今度自転車を担いで愛媛に行くと話したら「しゃーねーなあ。羽田まで乗っけてってやるよ」と粋なことを言ってくれていた。

Tは高校を卒業後に車の整備士となり、仕事は変わっても車に関わりつづけて生きていた。中学時代は勉強が大の苦手の劣等生だったが、いまや庭でバーベキューのできる大きな一軒家を建て、両親を引き取り、妻と男の子二人と幸せな家庭を築いている。趣味の格闘技はジムのインストラクターを勤めるまで上達し、休日はキャンプ三昧。そんなTの悠々自適ぶりは、同級生から冗談半分に「お前が一番の勝ち組じゃねーか」と冷やかされるほどだ。

子どもの頃の成績なんて幸せをつかむ上では大して当てにならない。あの頃は国数英理社の五つしか種目がなかったが、社会には生きていく上での種目がたくさんある。自分を活かせる種目を見つけられたら幸せだ。

それにしても勝ち組とは、恐ろしい言葉だ。たとえ勝ち組に入ることができても、またその中で勝ち負けをつける争いがはじまる。永遠に終わらないトーナメントがつづく。人生は人と比べるものじゃないと言ったところで、人間は比べることでしか物事を評価できない。人と比べなくとも、あの頃はよかったなと自分の人生のなかでさえ勝ち負けをつけてしまう悲しい生き物なのだ。争いに勝つ力なんかより、争いを回避する術を知りたい。

「わりーな、こんな朝早くから」

「いや別にいいよ、ついでだから。で、そんなかにチャリンコが入っているわけか。けっこーでけーな」

なんのついでなのかは不気味だが、さておき、はじめて自転車を飛行機に乗せるにあたり輪行バッグを新調した。メルカリで見つけた〈オーストリッチ OS-500〉。バッグだけで二キロもあるのでちょっとかさばるが、全面に厚さ約十ミリのウレタンが入った安心仕様だ。

「んじゃ行くか」

車はすぐに高速に入った。

「んで、四国一周ってのは、どんくらいあんのよ？」

「ちょうど千キロくらいかな」

「チャリでかー。すげーな」

「そんなことねーよ。だってこいでりゃ、いつかはぜったい着くし。キッけりゃ降りて歩けばいいんだから。台湾だってけっこう歩いたからな。台湾って山がすげーんだよ」

小・中学校の同級生に台湾人が一人いる。

徴兵で台湾に帰国するまで日本育ちだった彼は、徴兵後、ネイティブに話せる日本語と中国語を生かして、中国本土に進出してきた日本企業を相手に仕事をしていた。

一度中国本土の彼のところへ遊びに行ったが、百平米を超える豪華なマンションで暮らす彼の日常は、日本にいればロスジェネ世代とあわれまれる僕らが抱く焦燥感は微塵もなかった。

彼もまた子どもの頃の五種目では目立った成績を残せていなかったが、社会に出て自分を活かせる種目を見つけ、さらに臆せず日本の十倍を超える中国市場で戦いつづけた結果、バブリーな生活を手に入れた。徴兵を終えて日本に戻ってきていたら、やれ学歴がなんだ、国籍がどうだと理不尽な扱いを受けていたかもしれない。

「一円でも中国で売れれば十億になるからな」とうそぶく彼を見ていると何をやるか同様、どこでやるかで結果は大きく変わってくると心底思う。

二年前にその彼が結婚した。結婚相手は、十歳以上も若いため息の出るほど美しい中国人で、ごちそうが際限なく出てくる豪勢な披露宴だった。

その披露宴に、僕は自転車で台湾を一周してから参加した。

ジャイアントやメリダといった世界的な自転車ブランドのある台湾はアジア屈指の自転車大国で、自転車で台湾を一周する環島《ホアンダオ》が盛んだと知り、手ぶらですべてレンタルできる気軽さも手伝って挑戦したのだ。

僕は台湾を旅するのもはじめてなら、本格的なサイクリングもはじめてだった。三千メートル級の山が二百座以上と日本の十倍もある険しい山の国は殺人的な峠も多く、土砂降りの中でかなりの距離を歩いたりもした。それでも「加油（がんばれ）！　加油！」と声をかけてくれる台湾の人たちと、常にお腹一杯になれる美食のおかげでなんとかゴールすることができた。披露宴では参加者から盛大な拍手で称えられた。

その台湾に影響を受けたのか、四国も一周サイクリングをお遍路につづく観光のキラーコンテンツにかかげていた。四国一周がちょうど台湾と同じ千キロなので、ダブルで達成すると完走証や記念のオリジナルサイクルジャージをもらえるらしい。

ジャージも証明書もいらないが、愛媛を旅するなら四国を走ってみよう、香川も徳島も高知もほとんど知らないし。そう思い調べると四国一周サイクリングのスタート地点は、愛媛の県庁所在地となる松山を推奨する情報が多かった。

「ま、だから四国もなんとかなるよ」

台湾で自信を得た僕は、同じ距離で、しかも日本国内なら軽くできるだろうと楽観していた。

「いやいや、千キロだぜ、マジすげーわ」

Tはそう言うと眩しそうに目を細め、サングラスをかけた。ここ数日、東京は真夏のような暑さで早朝でもすでに三十度近かった。

羽田空港から一時間十五分で松山空港に到着した。

手荷物受取所では、愛媛と広島を結ぶしまなみ海道を自転車で走るみかんのキャラクターが出迎えてくれた。道後温泉や松山城を背景に押しやってサイクリングをメインにするところは、本気でサイクリングパラダイス愛媛を目指しているのだろう。

空港スタッフの方がわざわざ担いで運んできてくださった輪行バッグを受け取り、到着ロビーに出る。

〈ようこそ　かんきつ王国　愛媛へ〉

目の前にそびえ立つシャンパンタワーのごときみかんジュースのタワー。

ここからはすべてが自分次第。輪行バッグの重みさえ感じないほどの解放感に心が震えだす。

とはいえ、まずやることは決まっている。

ロビーから外に出て、タクシー乗り場の前で自転車を組み立てる。前後のタイヤやキャリアをフレームに取り付け、ブレーキやギアをチェック。問題なしだ。

かさばる輪行バッグは、ありがたいことに松山空港のインフォメーションセンターが無料で預かってくれるという。期間は一週間。延長は基本的には認めていないそうだ。つまり四国一周千キロは、一週間程度で走り切れるということの証左だろう。千キロ÷七日で、一日平均約百四十キロ。台湾では最長で百六十キロくらい走ったから、なんとかなるだろう。

しかし……暑い。

凄まじい暑さだ。自転車を組み立てていただけで、ポタポタと汗が地面にシミをつくっていた。これで日陰だ。しかもまだ午前中なのだ。

台湾は台南から南が暑かった。走っている間に日焼けした皮膚がむけるほど強い日差しだった。自転車で走る疲労よりも、カラカラに肌を灼かれる方が体にはしんどかった。だから四国一周は真夏を避けた梅雨明け前の六月末を選んだのだが、昨日の松山の最高気温は三十五度を超えた。今日も似たようなものだろう。

四国は記録的な早さで梅雨が明けてしまっていた——

四国一周サイクリング。通称シコイチ。

そのスタート地点となる愛媛県庁までは空港から三十分程度だった。

見上げるレトロな洋風建築の県庁本館は立派な石造りで、百年近く前に建てられたという。ドーム型の緑色の屋根が目をひく。

一方、シコイチのスタートの象徴となる本館前のモニュメントが見当たらない。みかんのキャラクターがプリントされたみかん色の車以外、それらしいものがない。

キョロキョロしているとマンホールのように地面にはまっているのがそれのようだった。

円の中に数字の0が書かれているのだが、自転車を想起させるものが何もない。もしや円形が車輪のモチーフか。だが、よく考えれば四国一周はお遍路よろしく歩いてもいいし、バイクや車で走ってもいいわけで、自転車に限定してしまうデザインの方がよろしくないのかもしれない。重要なのは、シコイチが千キロあり、そのスタートとなる0キロ地点がここだということなのだ。

と、県庁の入口から男が一人入ってきた。

C3POのように狭い歩幅でスタスタと歩く姿が懐かしい。

「久しぶりだなー。あんま変わらんね」

右手を上げてそう笑う先輩も年相応に少しふっくらとはしていたが、長いまつ毛も大きな瞳も健在で学生時代からほとんど変わらなかった。

久々の再会に興奮したが、仕事を抜け出してスタートを見送りにきてくれただけの先輩をあまり引き止められない。積もる話は無事ゴールしてからということにして、いざ。

「気をつけてな。なんかあったら迎えに行くから」

「ありがとうございます。またご連絡します」

先輩のおかげで何となくスタートっぽいテンションになった。

「よーーーお!」という先輩の掛け声と拍手を背に走り出す。

が、どっちに行っていいかわからず、車道の脇でふらつき、ぎこちない走り出しになってしまった。

県庁のまわりの道路には左端にブルーのラインがすーっとのびていた。

そのラインには、たとえば、〈今治 50㎞〉というようにラインの先にある町の名前と目安の距離が表記されている。どうやらこのブルーラインがシコイチの推奨ルートを示してくれているようだ。果たして、このブルーラインは、ぐるっと四国一周千キロにわたってのびているのだろうか。それなら地図もいらないのだが……。

というのも、空港から走り始めてものの一、二分でハンドルに固定したポーチのなかのスマホが〈高温のため……〉という遺言を残して息を引き取っていた。本体の温度が下がらないと再び起動しない。マップを表示させながら走ろうと考えていたが、日中はスマホのナビに頼れそうもない。

もはや暑さは殺人的だった。

午前中だがもう気温は三十度を超えているだろう。となるとアスファルトの温度は五十度、六十度という世界か。タイヤが溶けたりしないだろうか。

県庁から少し離れると自転車はおろか、歩いている人間すら一人もいない。

真夏のような太陽がジリジリと皮膚を灼く。台湾も暑かったが、それは南の話で北は上着が必要だった。

こんな炎天下で千キロも走れるのか。

旅は、想定外なほど面白い。

そう頭を切り替えようにもとても無理だった。想定外にも許容範囲がある。

「ま、なんとかなるよ」と同級生のTにかましていた楽観は吹き飛び、僕は焦りすら感じはじめていた。

みんなのオアシス

心なしか潮のにおいがただよってきた。

すぐに目の前に青い海が広がった。

「うみだ」

少し大きめの声でつぶやく。視界に人間がいないから独り言が自然と大きくなる。近づいて海をのぞくと海底までくっきりと見えた。こんなに透明度の高いキレイな海を見たのは沖縄以来かもしれない。

そしてプールかというほどのベタ凪。

向こうに見えるのは島か陸地か広島か。はじめて瀬戸内の海を間近に見たが、海といえば東北を襲った太平洋の荒々しい印象が強く、内海のおだやかさに驚いた。旅して知ることのいかに多いことか。

元来、僕は物を知らない。

恥ずかしながら抜け落ちている一般常識が多い。たとえば春の七草といわれても一つも答えられない。答えを聞いても、どんな草か想像すらできない。草……ですよね？ というレベルだ。

そこへきて誰もができる常識的判断にひどく懐疑的なところがある。といっても陰謀論に興味があるわけでもなく、占いや迷信の類を信じるタイプでもない。ただただヘソが曲がって生まれてきたのかというほど、常識を素直に受け入れられないことがあるのだ。「そういうものです」「こういうものなんだよ」と何かを断定されたり、押し付けられたりすることが苦手なのだ。

十代の頃はひどかった。

たとえば、バイクの免許の筆記試験。

〈問題〉横断歩道に近づいたときは、横断する人がいないことが明らかな場合を除き、その手前で停止できるように速度を落として進まなければならない。

〈解答〉は、当然〈○〉だが、若い頃は〈横断する人がいないことが明らか〉というところに引っかかってしまっていた。果たして、この世の中に〈明らか〉と言い切れることなどあるのだろうか。視界の外から自転車に乗った若者が猛スピードで侵入してくるかもしれないじゃないかと。

そんな万に一つの可能性を考慮し、横断する人が明らかな場合でも除いてはダメで、〈どんなときでも〉常に速度を落として進む必要があるから、〈×〉と回答してしまう。

一事が万事、単なるオーソドックスな交通ルールの問題を意地悪なクイズのように難しく考えてしまっていた。

結果、高校生の頃はバイク免許の筆記試験だけで四度も落ちている。

さすがに成長とともに周りがひかない程度の常識的判断や振るまいを身につけたつもり

だが、根底には「そうとも言い切れないのでは」「行ってみないと」「やってみないと」という具合に、常識や情報としては知っていることでも自らが実感しないと知識として不安なところがある。

だから旅はいい。

瀬戸内の海はおだやかで美しいことを実感できたように、あらたな知識や体験を得られる旅は、生きる自信を与えてくれる。


今治《いまばり》市に入ると工場が目立つ。それ以上に巨大な鬼瓦に目を奪われる。鬼瓦はてっきり屋根の上にいるものだと思っていたが、ここでは建物の入り口にどーんと鎮座している。どうやらこのあたりには数百年の歴史をもつ菊間瓦という伝統工芸品があり、その流れで鬼瓦をたくさんつくっているようだ。

人よりも大きな鬼瓦まである。これではとても屋根の上にはのせられない。もはや屋根材というより魔除け的な代物なのか。今日だけで一生分の鬼瓦を見た。

午後になり、太陽は怒り狂ったように燃えさかり、さらに気温は上昇した。誰かに背後からずーっと水鉄砲で撃たれているかのように、汗がとめどなく吹き出しつづける。県庁をスタートしてから三時間、四十五キロほど走っただけで、すでに一リットルのペットボトルを五本も飲み干していた。

今治からサイクリストの聖地しまなみ海道をチラッと走ろうかなという欲張りな計画は、早々に燃え尽きていた。鬼瓦をカメラにおさめる発想すら湧かなく、ただただ工業用ロボットのようにペダルを漕ぎつづけるだけ。美しい波のゆらぎに気を紛らわして、どうにか正気を保っていた。

そういえば、昼飯を食べていなかった。

左手に真っ白な暖簾が見えた。時刻は午後二時。まだやっているだろうか。

暖簾のダルマのイラストが気になり、引き戸をあけて店の中へ入った。

店内に客はおらず、坊主頭にヒゲヅラで巨体という悪役レスラーかクラブのバウンサーのような風貌の店主がカウンターに座って誰かと電話をしていた。

ランチ終了ギリギリの時刻だから、「もう終わりだよ！」と追い返されるかと思ったが、店主は僕の顔を見るなり、小声で「あ、お客さん」とすぐに電話を切り、「どうぞどうぞ」

と巨軀を折り曲げながら、カウンター席へと案内してくれた。

スマホを見せつつ「充電させていただいても……」とお願いするとまた「どうぞどうぞ」とガタイ同様心もでっかい。

メニューを見ると〈店主がすぐテンパるので有名!! それを見て食う飯屋!〉のキャッチコピー。

焦げついた心と体が少し癒された。途端にお腹が空きだした。

唐揚げとどて焼きのハーフ定食にご飯と味噌汁を二杯ずつ。ロングライドに炭水化物は欠かせないから、ご飯の食べ放題はうれしい。

エネルギー補給ができたところで、再び走り出す。

が、やはり暑い。

一時間ほど走っただけで、クーラーの効いた道の駅に逃げ込んだ。ベンチに座ったら、しばらく動けなくなってしまった。

今朝はまだ東京にいたのか――

これほど炎天下がキツいとは――

旅ははじまったばかりなのに、ものすごい後悔が押し寄せていた。いたるところにあるしまなみ海道へいざなう看板やポスターが目に入ってくるが、もうどうでもよかった。ただただ早く夕日が見たい。一秒でも早く太陽に沈んでほしかった。

新居浜《にいはま》市に入るとブルーラインに〈四国一周　観音寺《かんおんじ》〉のサインがあらわれた。観音寺市はお隣の香川県だ。距離が表記されていないということは、ホテルを予約している県境の四国中央《しこくちゅうおう》市までも近いということだろうか。

新居浜の町をしばらく走り、ようやく日差しが傾きはじめると少しだけ暑さがやわらいできた。自転車のフレームバッグからスマホを取り出しチェックすると四国中央市のホテルまであと二十五キロほど。二時間はかからないだろう。あと少しだ。

ただここまで走ってきた八十キロ分の疲労で心はほとんど折れかかっていた。人間に会いたい。言葉を交わしたい。できるなら、やさしさにふれたい。旅に出る前に新居浜出身の友人から、「ぜひ寄って！」と勧められていた珈琲屋さんに立ち寄ることにした。

そこは平屋の小さなおうちのような可愛らしいお店だった。

〈みんなのコーヒー〉

素敵な名前だ。

はじめて訪れる者でも、歓迎してもらえる気がする。

僕は緩慢な動きで自転車を停め、フラフラになりながらドアをあけて店内に入った。小動物のような可愛らしいショートカットの女性がやわらかな笑顔で迎えてくれた。

「ごめんなさい、もう閉店なんです」

えっ――

勝手に夜までやっていると思い込んでいた。気づけばもう夕方の五時だった。

立ち尽くす僕を不憫に思ったのか、店主らしきその女性は、「テイクアウトなら」と外にあるベンチを案内してくれた。

テイクアウト用のカップに入ったコーヒーを受け取り、裏庭に出た。

おだやかな瀬戸内の海が広がっていた。

ようやく太陽も落ち着き、たそがれに近づきつつある。

木製のテーブルにコーヒーを置き、イスに座って海を眺めた。波の音が小さく聞こえる。ゆらぎに合わせるように、ゆっくりと深く呼吸する。少しずつ心が落ち着いてくる。

ふと昔の旅の記憶がよみがえった。

中東のイランをホルムズ海峡からカスピ海までバスに乗って旅をした。砂山ばかりの景色のなかに小さな建物があった。バスを停めた運転手が何事か叫んだ。ペルシャ語を解さない僕はトイレ休憩かなと思ったが、同じバスに乗る人たちが手を口に持っていく仕草で食事の時間だと教えてくれた。助かった。バスは二十時間も走りつづけるのに乗車前に食事をし忘れ、食事休憩はいつかいつかと待ち遠しかったのだ。お腹を満たしながら、ヤキモキしていた心も満たされていった。

コーヒーを飲みながら、あのイランの小さな食堂を思い出していた。

裏庭では同じようにバイク乗りが一人休んでいた。サドル掛け式のバイクスタンドもあった。きっとシコイチを走るたくさんのサイクリストたちも、このみんなのコーヒーを訪れているのだろう。そして静かな海を眺め、コーヒーを飲み、元気をもらって、また次の目的地へと走っていくのだ。

ああ、いいなあ。

ささくれ立っていたカラカラの心に、少しずつまともな感覚が戻っていく気がした。

「小林さん！」

さきほどの女性がお店から顔を出した。

「へ？」

びっくりして素っ頓狂な声をあげてしまった。なぜ名前を知っているのだ。いくらありふれた苗字とはいえ、そんなギャンブルをする必要があるはずもない。

「いまMさんから電話があって、その人お友だちなんだよって。よかったら、なかにどうぞ」

海を眺めながら、このお店を教えてくれた新居浜出身の友人であるMさんに「みんなのコーヒーきた！　けど五時までだって！　テイクアウトにしてもらった」とメッセージを送っていた。ただMさんがこの目の前の女性とそこまで懇意にしているとは知らず、驚いた。

みんなのコーヒーの店主のJさんと僕の友人のMさんは、その昔カフェと雑貨店を営むお店の同僚だったそうだ。今は東京で暮らす映画好きのMさんは、たまにふるさと新居浜に帰ってては移動映画館みたいなことをしていて、みんなのコーヒーでも上映会をしたことがあるという。

さっきはよく見ていなかったが、店内は白壁に打ちっぱなしの床、木製の家具とどれも洒落ていて、屋根裏的なところには書籍に混じって、かっこいい自転車が飾られていた。そして何よりまだクーラーが効いていて、イスに座ったら、「あー」と声が漏れ、しばらく動けなくなった。

「はい、どうぞ」

店主のJさんが冷たいお水をくれた。

「トマト。地元でとれたトマト、食べます？　まだちょっと小さいんですけど」

「あ、はい、ありがとうございます」

四つに切られた小さなトマトがお皿にのってやってきた。

水もトマトも一気に平らげそうになったが、初対面で下品な奴だと思われるのは避けたい。小鳥ばりにゆっくりといただいた。

「Mさんからメッセージもきてて、みっちーのプロフィールって」

「え、あ、みっちーっていうのは、あの、下の名前が、みちたかでして」

「永田町出身で、本を二冊書いてるよって」

「永田町！　そんな個人情報まで」

「はは、そうですね。永田町ってテレビでよく聞くあそこですよね」

「そうですね……。国会議事堂とかのあそこですね、はあ」

僕が生まれたのは皇居のすぐ近くにある小さな病院だった。国会議事堂の裏にある幼稚園と小学校に通った。いずれももうない。

永田町で生まれ育ったが政治とは無縁で、祖父母が今はなき東京の築地市場で雑貨屋を営んでいた。高校生になると市場の魚屋さんへ魚をのせる紙皿なんかを届けに配達に駆り出されるのが孫たちの長期休みの定番だった。

元々、祖父は提灯なんかにいわゆる江戸文字を書く〈書き物屋さん〉だった。いまだに割と名のある神社やお寺に祖父が字を書き入れた提灯や天水桶が残っている。ただ職人気質で商売っ気がなく、なかなかそれだけでは食っていけず、社交的だった祖母が店を切り盛りしながら支えたそうだ。

いま思えば、僕が暮らしていた町は特殊な地域だった。

町にあたり前にあるものがなかった。大きなスーパーもなければ、商店街もない。河原とか、遊具がたくさんあるような公園もない。線路も踏切も田んぼも畑もない。もう時効だから告白すると自宅で飼っていたハムスターの亡骸は、自宅から見える最高裁判所と国立劇場の間の植木に埋めた。適した場所が思い当たらず、幼心にここなら荒らされないと考えたのだ。

ついでにいえば、父も母も同じ区内に実家があったから、夏休みに田舎のおじいちゃんの家に行くみたいなこともない。

だから子どもの頃は、この町が世界のすべてだった。

住んでいる人の数より、警察官の数の方が多いのではないかというくらいで、爆竹でも鳴らせば、すぐにパトカーがやってきた。披露宴に呼んでくれた台湾人の同級生と永田町駅の裏にあった空き地でタバコを吸っていたら、「爆弾犯がいる」と通報され、護送車で署に連行された。よく友人たちと忍び込んでいた廃屋は、テロリストの根城と疑われて規制線がはられるほどの大騒ぎになった。

子どもにとっては窮屈で、背の高い無機質なビルばかりの退屈な町だった。太陽がいつ昇り、いつ沈むかなんて意識することもなく一日が終わる。星も見えず、彩も少なく、季節感も乏しい。あたり前のものがないから、僕はあたり前のことを知らずに育ってしまったのだと思う。

だから外に求めた。

つまらない町だと思っていたが、おかげで旅が好きになった。そんなことも知らないのかと恥をかくこともよくあるが、その分、新鮮な驚きも多く、物知りの人たちより旅を楽しめていることもあると思う。

海に太陽が沈むなんて、あの町じゃ夢のまた夢のまた夢くらい憧れの瞬間なのだ。

店主のJさんは、愚痴のような僕の初日の自転車行をときに同情しながら聞いてくださった。少し体力が回復すると、近くにあるブックカフェにも誘ってくださり、こちらの方々も友人のMさんのことを知っていて快く迎えてくれた。古民家を改造したハイセンスな店舗は暮らしたいくらい居心地がよく、いつかここにおいてもらえる本を書けたらなと思った。

瀬戸内海に沈みゆく美しい夕日を前に、もうこのまま新居浜で寝たかった。その気になれば町ごと飲み込める巨大な海が泰然とゆらいでいる。まるで骨ごと砕けるのに甘噛みしかしてこない愛犬の慈愛のよう。僕のちっぽけな心も自然と凪いでくる。みんなのコーヒーを訪れたおかげで明日走る気力が湧いてきていた。Jさんたちのやさしさにふれられなければ、僕の心は太陽に灼き尽くされていたことだろう。

Jさんと僕をつなげてくれた新居浜出身のMさんと出会ったのは十年くらい前になる。出会っていなければ、みんなのコーヒーにくることもなかっただろう。

僕がMさんと知り合えたのは、一人の旅人のおかげだった。

きっかけは東日本大震災。僕らを引き合わせたのは旅の力だと思う。

ゴーライフ

二〇一一年に東日本大震災が起こった後、僕は毎月のようにボランティアをしに被災地を訪れていた。なんで人は他人の災厄に心を砕き、ボランティアなんてするのだろうかと不思議だったからだ。

震災直後は支援物資を運びまくった。避難所が解散するとお祭りや炊き出しに参加したり、牡蠣の養殖イカダを作る手伝いをしたりした。そのうち原発事故の影響で人の住めなくなったエリアの清掃ボランティアをしはじめ、ボランティアセンターが解散するまでつづけた。

その顛末を書いた話が、僕の一冊目の本になった。

ボランティアには、いろいろな人がいた。そのまま被災地に移住する人もいれば、議員にまでなる人もいたし、なかには平然と詐欺を働く人もいた。

そこでSさんという一人の男性と出会った。

僕より少し年上のSさんはいつも二、三人の仲間とボランティアに参加していて、小柄ながら貫禄があり、リーダー格という感じだった。活動を重ねるごとにボランティアの数が減るなか、毎回顔を会わせるので随分と熱心な人だなと思った。

距離が縮まりだしたのは、僕がSNSにネパールの山奥で糞を漏らすという悪夢の記憶を投稿してからだった。

「バックパッカーだったのかよ。早くいえよ」とSさんが投稿にコメントをくれた。

彼はユーラシアを一年以上も旅した筋金入りの旅人だった。

Sさんは長旅から帰国した後、〈golife《ゴーライフ》〉というブランドを設立し、旅先で撮った写真をモチーフにしたフォトTシャツをつくっていた。

ピースフルなデザインで、某有名セレクトショップで扱われるほど人気だった。

僕はSさんほど長くはないが、これまでユーラシアの国々をいくつか旅していたこともあり、彼がオーガナイズする旅好きの集まりに呼ばれるようになった。

そこにいたのが、新居浜出身のMさんだった。

Mさんもまた国内外いろいろなところを旅する人だった。

golife

旅をする事によって感じる

『人間と自然を調和させている場所』
『非日常的時間』『旅の時間』

旅の時間の中で出会った人々、風景のフォトプリント。街で拾った言葉、友人からのメールからインスパイアされたメッセージ……そんな旅の中でしか感じられない、決して戻る事の無い一瞬をメッセージとして展開していきます。

誤LIFE but Go人生 THIS IS GOLIFE.

Sさんは「筋を通せよ、筋をよ」が口癖で、丸刈りの強面も相まって、まさか堅気じゃないのでは？　と不安になるときもあったが、彼のまわりはいつも仲間であふれていた。

僕はその集まりに呼ばれるたびクレージーな酔い方をしていたのだが、「酒場で酔わない奴は信用しない」というSさんの哲学にはかなっていたのか、やがて少人数の呑み会にも声をかけられるようになり、気づけばSさんと二人で呑むようになっていた。

Sさんは何事も徹底した人で、立ち呑み屋だろうと開店から閉店まで呑みつづけることもよくあった。創業何十年といった古びた酒場を探しては、電車を乗り継ぎ、呑み歩いた。

隅田川を渡らないとありつけない下町特有の〈焼酎ハイボール〉に魅せられてからは、河岸は主に川向こうの下町の酒場となった。年末年始は、葛飾の堀切菖蒲園がここ数年の恒例だった。

呑みの終わりには、いつも店の前で暖簾をはさんで記念写真を撮った。Sさんはその写真をSNSにアップしまくっていた。図らずも、Sさんと僕は苗字が同じ〈小林〉だったこともあり、関係をよく知らない友人から、「お前、お兄さんとすごくよく呑みに行ってんなー」と言われたりした。

「ずっとバックパッカーをやっていたい」とぼやくSさんは、呑んでいるとたまにこんなことを言っていた。

「なんか酒場で呑むのって、バックパッカーで旅してる感覚と似てんだよな」

言われてみると、その感覚はよくわかった。

酒を呑むだけならコンビニでもいい。それでも酒場に繰り出すのは、一期一会のような会話や雰囲気やそこにしかない何かを求め、それに酔いしれるためだ。

いわば、酒場で過ごす時間は、〈golife〉のコンセプトよろしく旅でしか感じることのできない〈非日常的時間〉だったのだ。

僕にとっては、東北でのボランティアもまた同じだった。

ほとんど知らない土地である東北を訪れ、見ず知らずの人たちと触れ合いながらボランティアに興じる。それは紛れもなく旅による〈非日常的時間〉だった。だから七年もつづけられたのだと思う。

辺境の地や世界一周のような壮大な旅にも憧れるが、夢中になれる旅は身近なところにだってある。Sさんと酒場を巡って、僕はそのことを教わった。

とはいえ、数年前から闘病していたSさんと入院や治療の合間の体調の良い日を見定めて酒場に繰り出すなんて、正気の沙汰ではなかったのだろう。

でも、それより優先することって他に何があったのだろう、とも思う。

酒場で会うたび痩せていくSさんに僕ができることは、いつもと変わらずたのしく酒を呑むことしかないと開き直っていた。

昨年末もまた呑みに行く予定だった。しかし状況は急激に変わった。「退院なんてできないですよ」という医者を振り切って、自宅に戻ったSさんから電話をもらった。

「あの酒場が最後じゃ嫌だからさ。馴染みのところに連れてってくれよ」

入院前、僕はSさんとMさんと三人で馴染みの酒場に行ったのだが、運悪く閉まっていた。かわりに訪れた新規の酒場が、最後の酒場となっていた。

早速、僕は自宅にお見舞いに行った。Mさんは毎日看病にきていた。

「あのまま病院に閉じ込められていたら、大変でしたね」

お昼にと買ってきた峠の釜飯弁当を用意しながらSさんに言うと「ほんとよ」と笑った。

Sさんの元にはあふれるほどの人が集い、寿司や鰻や焼肉といったごちそうを食べながら、笑い、ときに酔っ払い、語らった。いずれも病院では叶わなかったことだ。

「また来るね」という友人たちとの未来の約束に励まされているんだよね、とうれしそうに笑うSさんに、人の、言葉の力は、すごいと思った。

痛みにのたうち回る姿を目にすることもあったが、少しずつ状態が上向いているような気さえした。

そして年を越し、思い切って外出することにした。

馴染みの酒場に行くことはできなかったが、Sさんが子どもの頃から通っているというおでん屋に行くことはできた。

車イスのSさんはものすごく軽かったが、「好きなもの頼んでよ。ここはオレが出すから」と頑なに言い張る筋の通し方が相変わらずで、お腹一杯食べさせてもらった。

後日、酒場に行けないからと、一緒に下町で呑みまくった焼酎ハイボールの割材である〈天羽の梅〉を仕入れたと連絡がきた。しかも一升瓶を三本も。酒への、酒場へのあくなき情熱に、あやうく落涙しそうになった。

僕はすぐにSさんの家を訪れ、Mさんと一緒に、ひとまず仕入れた天羽の梅一升分に、二升のキンミヤ焼酎を加えて、合計三升分の天羽の梅入り焼酎をつくった。漏斗を使うなんて、小学校の理科以来だった。これに同量の強炭酸水を加えれば、愛飲してきた焼酎ハイボールのできあがりだ。

六升分の酒を前に「こりゃ致死量ですね」と震えたが、往時は「二人でこれくらい呑んでましたね」と気づき、Sさんと笑いながら、ひいた。

その数日後にはまだ酒場でも味わったことのなかった新作も仕込んだ。

Sさんが一升瓶にわずかに残った割材を呑ませてくれというので、三滴だけスプーンに垂らした。

「フルーティーだねー」

酒の入っていない簡素な味わいだが、少しは酒場の雰囲気を味わえただろうか。

僕とMさんが味見と称して出来立ての焼酎ハイボールを呑んでいると、Sさんは「なんか落ち着くなぁ」とおだやかに目を閉じていた。役に立っている気がしてうれしくなって、調子に乗って呑みすぎて、結局、「うるさいよ」と呆れられた。

それが最後のやりとりとなってしまった。

翌日、Sさんは、Mさんに見守られながら息を引き取った。

「Sさんねー、旅立っちゃったよ」とMさんから電話をもらった。

「そっか……うん……Mさん、お疲れ様でした」という言葉しか出てこなかった。あれから数ヶ月たっても、もっと気の利いたことを言えなかったのかと考えることがある。

Sさんは、いつもカメラを持っていた。

酒場でも、道端でも、駅のホームでも撮りまくっていた。

Sさんが「残しておくのは重要なんだよ」と写真を撮りまくっていたおかげで、いまでもたくさんの思い出をよみがえらせることができる。

いまごろ「だから言っただろ」と笑っていることだろう。「みっちーは元気なんだから、もっと旅しろよ、旅をよ」とぼやいているかもしれない。

出会いは東北のボランティアだったが、隣町の中学出身で、同じ駄菓子屋に通っていた。すでにあの頃すれちがっていたのかもしれないと思うと、人生とは不思議だ。

震災がなければ僕がボランティアをすることなんてなかったろうし、被災地でSさんと出会うこともなかったろう。いや、きっと旅をしていなければ、たとえSさんと出会っていても仲良くなることはなかったと思う。そうなれば、Mさんとも出会えなかった。

Sさんが旅立ってしまっても僕とMさんとのつながりは途切れず、そのつながりは、新居浜のみんなのコーヒーのJさんへとたどり着いた。Sさんの残したTシャツや写真やメッセージが生きつづけるように、人の縁というものはこうやってつながっていくものなのだと思った。

気づけば、コーヒー一杯で二時間近くも休ませてもらっていた。

「そろそろ」と重い腰をあげると、Jさんたちが外まで見送りにきてくださった。

「そうだ、せっかくなので写真撮ってMさんに送りましょう」

思わぬ申し出に緊張したが、精一杯の笑顔でJさんと並んで瀬戸内の夕日をバックに写真を撮った。

「キャノンデールなんですね！　私もキャノンデール乗ってるんですよ」

Jさんも自転車に乗るという。分割ながらシコイチも完走済みだ。

コンポーネントはなんですかとか、もっと話したいことはあったのに、疲れすぎていて「こ、これは、結構古いやつで……」とだけ言うと、言葉がつづかなかった。

僕のキャノンデールは、二十年くらい前に発売されたシクロクロス用（オフロードの自転車競技）の自転車だった。

「イエローが映えて素敵ですねー」とJさんが褒めてくれたように、いろいろカスタムされたなかなかの代物だった。ただカスタムしたのは後輩で、台湾一周の環島に味を占め、さらなる自転車旅を計画していた僕に「だいぶ使ってないんですけど、よかったら」と譲ってくれたものだった。

四国中央市のホテルまではあと二十五キロほど。Jさんたちからは、ちょっと遠回りになるものの走りやすい平坦なコースを勧められたが、峠を越える最短ルートを走ることにした。一秒でも早くホテルに着きたかった。

「いってらっしゃーい！」

「気をつけてねー」

「本当にありがとうございました」

峠からは瀬戸内海に沈もうとする太陽が見えた。自転車を停めて、その姿をしばらく眺めていた。

あたりが真っ暗闇になると、フロントライトで道を照らしながらカジノで有名な大王製紙の工場沿いを爆走した。

四国中央市のホテルに着いたのは夜の八時半。

川之江《かわのえ》駅前の小さなアーケードにはポツポツと灯りも見えたが、お昼にダルマのお店でたらふく食べたせいか、空腹を感じなかった。

汗で汚れた衣類を洗濯し、シャワーを浴びて、そのままベッドにもぐりこんだ。

初日の走行距離は約百十キロ。体力的にはまだ大丈夫だが、この暑さは想像以上に気力を削りとっていく。

明日は夜明け前に出発しよう。そう決めて眠りについた。

その翌朝のスタート直後、僕はこの旅最大のトラブルに襲われることになる。

2

四国中央――高松――東かがわ

絶望的トラブル

四時に起きた。

露出していた肌には日焼け止めを塗っていたが、体全体が火照ってあまり眠れなかった。四時半にホテルを出て、誰もいない駅前のアーケードをゆっくりと走る。太陽がいなければ、快適な陽気だ。

夜明け前のコンビニにはエンジンをかけたままの大型トラックが数台停まっていた。

朝食はおにぎり三つにサラダチキンのスティック三本。立ったままの食事は味気ない。燃料摂取、エサ的感覚だ。

走り出すとすぐに海に出た。

朝の海は昨日の海よりもさらに静かでおだやかだった。東側の山間から少しだけ太陽が顔を出す。あの灼熱の地獄がまたやってくる。海からの心地よい風を感じられるうちにできるだけ進もう。

十五分ほど走り、香川県に入った。

うどん県。訪れるのは十数年ぶりだ。本場のさぬきうどんに久々ありつけると思うだけで元気が出る。

観音寺市の市街に入ると交通量が増えてきた。

車を気にしてスピードが落ちたので、リア（後ろ）のギアを軽くしようと右手の中指でハンドルのシフトレバーを内側にポンと押し込んだ。

あれ？

ギアが軽くならない。しかも押し込んだシフトレバーが戻ってこない。どこかでひっかかったのか。歩道に入り、今度は中指と人差し指を使ってシフトレバーをさらに強く押し込んだ。それでもレバーは戻ってこない。

おかしいな。

違和感を抱いたまま小さな段差を乗り越えた直後だった。

カキン！

アスファルトに金属音が響いた。

まだ、そのときは工具か、ゆるんだネジでも落ちたと思っていた。

急ブレーキをかけて自転車を停め、足元に目を凝らしながら歩いて数メートルほど戻ると黒い薄い板のような何かが落ちていた。

まさか、これ……

拾い上げると、そこにはＳＲＡＭ《スラム》の白い文字。ドロップハンドルの右手側を見ると、ブレーキレバーしか残っていない。

間違いない。指で持つ黒い物体は、僕のシフトレバーだった。

ただ、不思議と愕然とはせず、あーシフトレバーが折れちまったのか、と思っただけだった。

自転車のコンポーネント（ギア周りのパーツの総称）は、日本のシマノとイタリアのCampagnolo《カンパニョーロ》の老舗二社に加え、新興のアメリカ製ＳＲＡＭ《スラム》が世界三大メーカーといわれ、シェアの大半を占める。

四国に乗り込んだ僕の自転車はフレームがアメリカ製のキャノンデールということもあって、同じアメリカ製のスラムのコンポーネントを装着していた。カスタムしたのは後輩だが。

ドロップハンドルに装着されたスラムの変速システム〈ダブルタップレバー〉は、変速をレバー一本でおこなう。

リア（後ろ）のギアを重くするときは右手側のシフトレバーを内側に軽く押し込み、逆にギアを軽くする場合はシフトレバーをさらに大きく押し込むという仕組みになっている。フロント（前）のギアは左手側のシフトレバーを使う。

つまり変速のたびに一本のレバーに負荷がかかるのだ。

とはいえ、世界三大メーカーだ。過酷なレースにも耐えるブランドのシステムがそうそう折れるようでは困る。そもそもシフトレバーなんて、レースにでるようなセミプロや相当のマニアでもなければ、交換なんて故障のタイミングくらいだろう。と、ここへきて、後輩から譲り受けたという僥倖が屹立してくる。

二十年前のレトロなフレームにセットアップしたスラムのシフトレバーもまたそれなりに年季が入っていた。後輩いわく「十年はかえてなかったですね……」とのこと。

かれこれ十年以上一本のレバーでシフトチェンジを繰り返してきたわけで、負荷は相当なものだ。形あるものいつかは壊れる。折れてしまうのも仕方がない。

と、すんなり納得できるわけもない。なぜいまこのタイミングなのだ。

今日の香川は三十五度を超えるという。

これは何かの罰なのか。

灼熱の太陽に灼かれるまま、僕は誰もいない歩道に座り込み、リアのスプロケット（歯車）を見つめた。

これ、まだ走れるんじゃないか。

シフトレバーがハンドルから落ちた後も、僕がブレーキをかけるまでの数秒間、自転車は進んでいた。ギアチェンジは無理でも、走ることはできるのかもしれない。

折れたシフトレバーをバッグにしまい、自転車にまたがり、おそるおそる走ってみた。

タイヤは普段通り転がる。ペダルを漕ぐとものすごく重いがしっかりと力がチェーンからリアのスプロケットに伝わり、推進力を感じながら自転車を前へと進めた。

ペダルは重いが走ることは走る。

自転車を停めてあらためてチェックすると、リアのギアは重い方から二番目の歯にガッチリと固定されていた。フロントのギアを軽くすれば、今より多少は走り出しも楽になる。ただフロント側のシフトレバーも同様に劣化しているはずだ。折れる可能性もあるから、ひとまず軽いギアに変えたらもうふれない方がいいだろう。

本来フロント二速×リア十速の二十速の自転車だったが、もはや重い一速のみという旧式ママチャリ級の走行性能にダウンした。それでもシフトレバーが折れたのだから、なんとか走れるだけラッキーと考えるべきか。

日の出前に出発したこともあって、八時前から営業している奇特な自転車屋さんはいない。ひとまず走りながら、自転車屋さんを探すことにした。

スマホで自転車屋さんの位置を確認しながらのライドとなり、本来シコイチの推奨ルートは海沿いなのだが、クネクネとしたルートを走ることになった。

フロントのギアを軽くしたとはいえ、リアは重い方から二番目。とくに走り出しがキツく、常に立ち漕ぎをよぎなくされた。多少スピードが出てくれば落ち着くが、ちょっとした登り坂でも立ち漕ぎ。一時間も走るとふくらはぎがピクピクとしてきた。

それでも丸亀《まるがめ》市、坂出《さかいで》市と駆け抜ける。

ときおりシコイチのブルーラインに合流し、そのまま青いラインの上を走りたくなるが、自転車屋さんにもいかなければならない。心がオロオロしながら、立ち漕ぎを繰り返し、東へと走りつづけた。

十時を過ぎ、高松市内に入ると気温がグングン上昇してきた。尋常じゃない量の汗が吹き出す。線路下の短いトンネルに入ると冷蔵庫のような冷気を感じ、そのまま休憩することにした。

日差しがないだけで不快度や疲労度が天と地ほど違う。

くそ、この暑ささえなければ……

どうやってもポジティブになれない。

それでもまだ頭の中には、〈リタイア〉という選択肢はなかった。

だが本当は怯えていた。この炎天下でギアチェンジなしに残り九百キロも走れるはずがないことは明らかだった。だから絶望的な現実から目を逸らし、自転車屋さんに行けばなんとかなると思考を停止させていた。そしてこれはツーリングじゃない、トレーニングだと設定して繰り返す立ち漕ぎに耐えていた。

リタイアの誘惑

自転車屋さんと遭遇しないまま、あれよあれよと七十キロも走っていた。お腹が減ってきた。次に気になるうどん屋さんが出てきたらお昼としよう。

やがて派手な装飾など一切ないシンプルな店構えの製麺所があらわれた。裏口からのぞくと、店名が印字された麺箱が積まれ、家族経営なのか老若男女総出でせっせとうどんを作っている。

誠実そうな雰囲気に期待して暖簾をくぐった。

店内は地元の方々と思われるお客さんで賑わっていた。

ぶっかけ大三百円。コシがあるのに、まったく重くなく、ツルツルっと喉から胃袋へと入っていく。出汁も濃過ぎず好みのバランスでいくらでも食べられそうだ。なんでこうも東京のそれとは違うのだろう。ものすごく普通のおじさん、おばさんたちが作っているように見えるのだが。

念願のさぬきうどんでエネルギーを補給し、再び走りはじめる。

小さな川を越えるとさぬき市に入った。

名前からうどん屋が多いかと思ったが、あまり見かけない。聞けば、うどん屋は高松から西側に多いとか。

香川のソウルフードであるさぬきうどんは、讃岐の生んだ偉人・弘法大師さま（＝空海）が遠く中国から持ち帰ったのが始まりという伝説があるそうだ。ただ真偽は不明で「よくわからないものは、ぜんぶ弘法大師さまの仕業」という弘法大師信仰の強い香川あるあるという説もあるらしい。

シコイチでは、その弘法大師さまの姿を頻繁に拝むことができる。気楽な一人旅とはいえ、猛暑で人を見かけない道中では、石像でも見守られている気がして寂しさが紛れる。

結局、大幅な遠回りを避けていたら自転車屋さんに寄ることなく百キロ走り、東かがわ市の海の見える公園に着いた。今日はテント泊だ。

公園の管理事務所で指示されたテントサイトに行くと全八区画すべてガラ空き。こんな猛暑では誰もテント泊などしないのだろうか。どれほどの熱帯夜なのかと不安になるが、芝はきれいに刈られているし、水回りも清潔で環境は快適だ。

テントを設営し、洗濯をしても、まだ昼の二時。多少暑さがマシな午前中をフルに使えると一日が長い。本腰を入れて自転車屋さんを探すことにする。走り出しや登りではかなりパワーを使った。立っているだけで右足のふくらはぎがピクピクしている。

スマホで調べると、すぐ近くに自転車屋さんがあった。電話をかけると一件はもう廃業していたが、もう一件は出張修理をやっているという。

「シフトレバーが折れちゃいまして」と事情を伝えると「スペアもあるんで、なんとかなると思いますわ」と頼もしいお言葉。すぐにきてくれるという。

ただメーカーや形状といった詳細をまったく聞いてこないのが気になる。全車種対応可能な万能シフトレバーなんてあるのだろうか。しかも「すぐ」と言っていたが、一時間以上待ってもやってこない。車なら十分とかからない距離のはずなのだが。

しびれを切らして再度電話すると、

「え、え、あれ？　さっきの方とちゃうかったんですか？」

となぞの返答。

「いやあれ、さっき行ったらマウンテンバイクの方がおってね。シフトレバーが曲がったいうんで、てっきりその方やと思って。すんません、名前聞かんくて。すぐ向かいますんで」

なんとせっかちというか早とちりなのだろうか。

「そんな偶然が！　びっくりですね」と話を合わせたが、先の不安が一気に膨張した。

そして破裂した。

「えろーすんません！　いやほんまこんなことってねー」と猛スピードでやってきた年配の男性は、バンドマンのように長い髪を揺らしながら意気揚々と軽トラから降りてきたものの、折れたシフトレバーを見るや「あーこんなん、はじめて見たわ……」と一気にトーンダウン。首にかけた手拭いで汗をふきつつ、レバーのちぎれた箇所をのぞいては「そやろ、そやろ」とつぶやくだけで、「完璧に折れてもうてるからね」とお手上げ状態だった。

今やれることは、ということでせめて走り出しをもう少し軽くできないかと二人で汗だくになってディレイラー（変速機）を動かし、結束バンドをつかって固定を試みたがどうにもならなかった。

「こりゃ、もっと大きい自転車屋さんに相談した方がええかもしれんね」と香川にある全国チェーンの自転車屋さんを教えてくれた。

しかし電話をしてみても「スラムですか……うちの店舗だとどこも在庫がないですね」と対応はできないという。チェーン店よりむしろカスタムバイクなどを扱う個性の強い自転車屋さんの方が可能性はあるかもしれないと思い、スマホで探して連絡してみたがやはりスラムの在庫はなく、返事は同じだった。

ただ「香川で探すより、ひょっとしたら徳島の方がいいかもしれませんよ。実はサイクル王国なんですよ、徳島って。高校生ぐらいから、みんなクロスバイク乗ってますしね。東かがわにいるならすぐ近くですよ」と耳寄りな情報を教えてくれた。

スマホで徳島県内を調べると確かにカスタムやレース用の自転車に対応している店がポンポン出てきた。

すぐに電話をかけ、

「いまシコイチをやっていて、なんとか走り切りたくて。別のメーカーでもなんでもいいんで、なんとかならないでしょうか」と懇願するも、

「スラムですか……シマノならなんとかなるかもしれませんが、スラムはサードパー

ティーでもスラム用じゃないと難しいんですよね。なんとかしてあげたいんですけどね……部品の取り寄せで一週間はないと……うーん」といずれもインポッシブル。

万策尽きた。

「やっぱり無理みたいです。すみません、ずっとつきあっていただいてしまって」

ロン毛の出張修理屋さんにお詫びすると「いやいやそんなんええんやけど」と手を振りつつ少し神妙な表情になって、

「やめといた方がええかもしれんね。この先、まだまだ長いし。（高知の）七子峠《ななことうげ》とかも行くんやろ。きついでえ。山の方でなんかあったら、えらいことやしな。やめた方がええかもしれんよ」とリタイアを勧めてきた。

プロである自転車屋さんに諭すようにそう言われた途端、絶望的な現実を直視せざるを得なくなった。

シフトレバーが折れたということは、他の部品にも相応の経年劣化、金属疲労の危険が迫っているのかもしれない。下り坂を猛スピードで走っているときにブレーキレバーが折れたら、チェーンが切れたら、フレームが破損したら。そして峠から転げ落ちて連絡できない状況に陥ったら、最悪の事態にもなりかねない。

悪い想像はいくらでも浮かんだ。

僕の心は揺れていた。

想定外の猛暑にたった二日でウンザリしていた。そこへシフトレバーが折れ、「さすがにこれじゃあ走れないでしょ」とリタイアのいい口実ができたと心のどこかで思っていた。愛媛の松山にいる先輩からも「やめた方がいいんじゃないか。いつでも車で迎えに行くぞ」とメッセージをもらっていたこともリタイアへと心を傾かせていた。

それほど暑さから逃げ出したかった。

ただ、まだ二日目だ。シフトレバーは折れたが、足が折れたわけじゃない。今日だって百キロ走ることができた。疲れているとはいえ、体はまだまだ動く。ここでリタイアはあまりにも早すぎる。

「行けるところまで行ってみます」

僕はひとまず判断を保留した。

「びっくりするくらいボロボロやろ」

番台のおかあさんと六歳の看板犬が笑って言った。

町唯一の銭湯は確かに薄汚れていて、防犯力ゼロのロッカーといい、ひび割れの補修あとが目立つタイルや湯船といい、昭和初期かという雰囲気でボロといえばボロだった。ただ地元のお爺さん方と熱い湯に浸かっていたらシフトレバーの件をしばし忘れることができた。

せっかくお風呂で汗を流したのにまだ暑い野外に出たら、また汗だくになってしまう。

「ちょっと休ませてもらってもいいですか？　外、まだ暑くて」

そうお願いすると、番台のおかあさんは笑顔で「どーぞどーぞ」と話し相手になってくれた。

脱衣所には我が世の春を爆進する二刀流の大スターの写真とサインが飾られていた。

「え、これ、まさか。きたんですか？」と驚くと、ニヤニヤしながら「いや、それは買ったんですわ、ははははー」と豪快に笑うおかあさん。

「ですよねー」とつられて笑ってしまった。なんで飾ってあるのだ。

自転車で四国一周の旅をしていると言うと「そやったら、これ、どーぞ」と人型に切り抜いた革製のキーフォルダーをいただいた。

「これは手作り。好きなんですよね」とまた笑った。

キーフォルダーには同行二人と書かれていた。

同行二人とは、〈どうぎょうににん〉と読み、巡礼者が一人で歩いていたとしても、いつも弘法大師さまと一緒に歩いているよ、という意味だそうだ。功徳を積むお遍路でも何でもない自転車での気ままな一人旅だが、四国をぐるっと旅する切符をもらったようでうれしかった。

日が沈んでもなかなか気温は下がらず、テントに戻る頃にはまた汗が吹き出していた。

夜になってもテント内は蒸し暑く、とても眠れなかった。相変わらず体は火照っているし、シフトレバーは直らないし。こんなはずじゃなかったのにとしっくりしない気分のまま気温が下がるまで公園をぶらぶらと歩き回った。

昼間は気づかなかったが、へんてこりんな彫刻やオブジェがいくつも展示されていて、海の向こうではたくさんの星たちが瞬いていた。

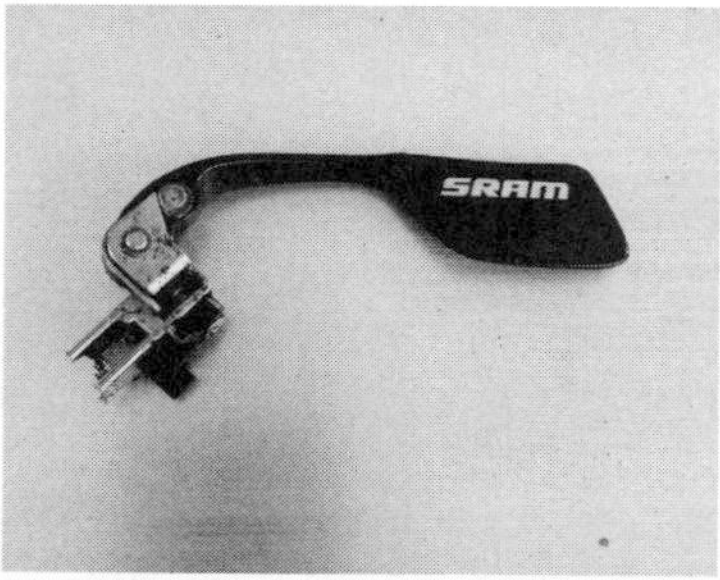
SRAM

弘法大師

3

東かがわ――徳島――日和佐

めぐり合わせ

三時始動。多少暑さのゆるい午前中を目一杯使いたいことに加え、シフトレバーが折れたことによるギア一枚走行を考慮して昨日より一時間ばかり早く起きた。

夜明け前というよりまだ夜だ。ヘッドライトを頼りにテントをパッキングする。

昨晩は、虫はうるさいし、湿気はひどいしで気絶を繰り返すような浅い眠りだった。体力が全然回復していない。これでは千キロの長丁場はとてももたない。シコイチの半分くらいはテント泊を予定していたが、昼も夜も暑さに負けた。テント泊はもうやめよう。

四時出発。公園から海を見ると水平線が赤く染まりだしていた。

今朝も朝食はコンビニでおにぎり二個とスティックのチキンバー三本。

一時間ほど走ると〈お気をつけて　またのおこしを〉の看板を最後に徳島県に入った。

三日目にして早くも三県目だ。

四国四県を面積で比較すると、高知＞愛媛＞徳島＞香川の順で、占有率はざっくり四割、三割、二割、一割くらい。最小の香川県は日本一小さな都道府県だという。一九八八年に地形図の変更があって大阪府から香川県になったそうだ。県の面積が変わるなんてことが起こっていたとは驚いた。

地図を見ると高知県の大きさを感じる。とりわけシコイチでの存在感は絶大だ。土佐湾がぐぐっと内側に食い込んでいるので、海沿いの道はかなり長くなる。四国は面積が台湾の半分しかないのに、一周の距離は同じ約千キロとなる所以だろう。

つまり三県目といっても、シコイチはここからがいよいよ本番ともいえる。

東から昇る太陽に向かって海沿いの国道一一号を一時間ほど走り、左折して県道一八三号に入ると〈鳴門スカイライン　ようこそ鳴門へ〉の看板があらわれた。

新卒で入った新聞社の同期に剣道部だった鳴門出身の奴がいたなあと思い出しながら二キロほど走ると道は海沿いから林の中へ入っていった。

キツい。

ギア一枚走行が、ゆるやかな登り坂をそそり立つ壁のようにする。なかなかスピードが上がらない。立ち漕ぎするたびハンドルを握る手首がそり返りバーテープごとヌルヌルっとずれる。

なんとか一キロほどつづいた長い坂を登りきったが、手がプルプルする。

台湾一周で筋力的に何が一番つらかったかといえば握力だ。キツい峠を立ち漕ぎで乗り切ろうとハンドルを何度も何度も力一杯握りしめた。旅の後半は走り終えても握力が回復せず、赤ん坊のように握り箸でないと食事ができないほどだった。

今回は走行性能が格段にアップした自転車で自信を持ってのぞんだが、いまや重いギア一枚の旧式ママチャリレベルに性能はダウン。くわえて灼熱の太陽に終始睨まれ、台湾一周よりも心身ともにはるかにつらい状況だった。

しばらくゆるい下り坂がつづいたが、ふたたび登り坂があらわれた。

立ち漕ぎで登りはじめるもすぐにバランスを崩し、両足をついてしまった。スマホでチェックするとさっきの坂より倍くらい長い。そのまま自転車を押して歩いて登ることにした。

ときおり車やバイクが追い抜いていく。

「おいおい情けねーなー。もっと鍛えてからこいよ。それっぽい自転車に乗ってるくせになあ」

「ね、あーいうおっさんが子どもの運動会で肉離れとかやっちゃうんでしょ。誰も期待してないのにね」

無言の嘲笑が聞こえてくる。サドルは無回転なのに、自意識だけはフル回転だ。

ヨロヨロと自転車を押して、鳴門スカイラインの頂上にある展望台までやってきた。

緑の茂った小さな島がいくつか見えた。

心がまったく動かなかった。写真を撮る気も起きなかった。

絶景とも紹介されることのある景色を前にして、何の反応もおきない自分に軽くショックを受けた。

予報では昨日の香川につづき、今日の徳島も三十五度を上回る。まだ朝だから多少マシだが、殺人的な暑さもすぐにやってくる。

なんで自転車を押してまでわざわざキツい坂を歩いて登って、こんなところにきたのだろうか。自分が何を目指して旅しているのかわからなくなりそうだった。

二十代の頃、ミャンマーを旅した。たった四日間。転職したばかりで、ようやく取れた休みだった。

到着早々両替しようとしたら、通貨レートが正規と闇で二百倍も違って面食らった。食事が脂っこくて、旅先では珍しくお腹の調子を崩した。チークのように頬を茶色や黄土色に塗るタナカに驚いた。タイとバングラデシュからミャンマーを眺めたことはあったが、やはりきてみなければわからないことばかりだと興奮しながら、パゴダ（仏塔）が密集するミャンマー屈指の仏教聖地バガンを訪れた。

そこで一人の若い日本人の男に会った。

「五十四ヶ国旅してきたんすよ」

その男は僕が日本人とわかるや、のっけからそう言ってきた。で、あんたは何ヶ国なのよと言わんばかりに。

「それはすごいですね」と称えると、「まあね」と満足そうに顎を小刻みに揺らした。

お互いがこれまで旅した国の話になり、僕が少し前にバングラデシュを旅したと言うと男は「へー、珍しいねー」と意外そうな顔をして、

「どんくらいかなー。結構短かったけど、二週間くらいだっけなー。いいよね、バングラー」とニヤついた。

「何が?」と聞きたかったが大した答えは返ってこないだろうと思いやめた。

僕のミャンマーの旅がわずか四日間だけと知ると「かわいそー」とうすら笑いを浮かべ、「ま、サラリーマンじゃ仕方ないよねー」と侮蔑を含んだ物言いで同情した。

そして「日本もね、もうちょっとなんだよなー。もうちょい変われば、よくなんだけどなー」とつづけた。

日本はもうちょいだからなのか、男は無職で、これまでもほとんど働いたことがないとどこか自慢げに言った。

確かに日本はおかしいかもしれない。でも、あんたが旅してきたという五十四ヶ国のなかに、一つでもおかしくない国はあったのか。日本はどう変わればいいのか教えてくれないか。なんなら世界を知るあんた自身が変えてくれないか。

そう男に浴びせてやりたかったが、腹の中で悪態をつくだけでやめた。

そんなことよりも赤茶けた大地に広がる三千を超えるパゴダの景色に僕の心は震えてい

た。タナカを施した少女たちは、僕が手を合わせて頭を下げると、旅人への好奇心もあってか、決まって小さくはにかみ同じように手を合わせてくれた。

忙しい日本の日々で失いかけていた人間的な感情を取り戻せそうな気がした。

たとえ短くともミャンマーを旅してよかったと心の底から思った。

男との会話は気分の悪いものだったが、あのときの僕には必要だった気がする。

百ヶ国旅した。十年日本に帰っていない。十万キロ歩いた。一週間で世界一周。十万円でユーラシア横断。何十ヶ国、何万キロ、何千日、何年……数字を競い出したら、それはもう旅ではなく競技だ。旅はレースでも我慢大会でもない。そこに勝ち負けや優劣はなく、見えない誰かを意識するものでもない。たった一人、旅する自分のためだけのものなのだ。

僕は推奨ルートという名にどこかレースに参加しているような気分になっていた。

気ままな一人旅でルートをきっちり守ることにどれほどの意味があるのだ。すでにシフトレバーが折れてからは自転車屋さん探しで、ルートから外れまくっている。何よりルートをなぞる旅ではなく、僕なりの旅をしにきたはずだ。

ジリジリと高度をあげる太陽が視界に入った。推奨ルートの上にある鳴門公園まであといくつ坂を重いギア一枚で登らなければならないのか。嫌気がさした。

鳴門公園から見える鳴門海峡のうずしおを数年前に訪れたことを思い出すとワクワクする気持ちも湧いてこなかった。今は自分の心の機嫌を取ることを最優先した方がいいと思った。

僕は展望台を出るとUターンして登ってきた坂を下りることにした。

徳島市に入ったあたりで、いつでも迎えに行くぞと言ってくれている松山の先輩になんとか徳島県に入ったこと、まだリタイアせずもう少し行けるところまで行ってみることを伝えた。

先輩からは、無理するなよというメッセージとともにおすすめの町情報が返ってきた。

——日和佐《ひわさ》ってとこはウミガメの産卵で有名だよ

しかも今が産卵時期らしいから見られるかもしれないという。さらに同じ日和佐にある薬王寺《やくおうじ》は厄除けの御利益で全国的に有名だそうだ。

浦島太郎を龍宮へ連れていったウミガメは、ハワイでは幸運を運んでくる海の守り神らしい。史上最速の梅雨明け猛暑にシフトレバー破損と呪われている現状を打開するには、厄除けとウミガメは打ってつけな気がした。

　ただ、今いる徳島市から日和佐までは五十キロほど。宿泊となると今日の走行距離は八十キロ程度になってしまう。当初の想定は一日百四十キロ強。到着初日とシフトレバーの折れた昨日は百キロ程度しか走っていないから、輪行バッグの預かり期限の一週間で完走するにはここからペースを上げないといけない。ギア一枚の悪条件では少しでも距離を稼ぎたい。

　それでも僕は日和佐に泊まることにした。

——ありがとうございます！　行ってみます！　ついてはご相談が……

空港に預けた輪行バッグの引き取りを先輩にお願いした。

一人旅で先輩に頼るのは御法度な気がしていたのだが、もういい。時間の制約から解放されたいと開き直った。

　そう大した話ではないのだが、いつもそうなのだ。人に頼ることが苦手で迷惑なのではと勝手に先回りしてしまう。それが気楽な一人旅を好む理由の一つでもあるが、ただ先輩が聞いたら大笑いするだろう。学生時代、特に酒の席では先輩にいやってほど迷惑をかけ、頼ってきたのだから。

生きにくくしているのは自分自身なのはわかっている、もっと気楽に生きたいとも思う。だが、人間、そうそう変われるものではないから仕方ない。

徳島市から小松島《こまつしま》市、阿南《あなん》市と海の近くの道を走る。徳島はサイクル王国といわれるだけあって、自転車が多いように感じる。歩道も広く、走りやすい。

市街を離れると自転車用のブルーラインと同じようにグリーンのラインがのびている。看板にはこんなことが書いてある。

〈グリーンラインとは、お遍路さん等歩行者が安全に通行できるようにドライバーに思いやり運転を呼びかける目的で標示したものです。安全通行のため、グリーンラインより外側の路肩部をご通行ください。〉

やれシコイチだ、一週間で完走だと力んでいたが、お遍路さんはこの道のりを歩いている。ギア一枚で泣いているどころではない、歩きなのだから。お遍路さんと比べれば、僕のシコイチなど取るに足らないジャンクもいいとこだ。とはいえ人は人。僕にとっては、この旅が試練であることに変わりはない。

キツい登り坂を最後に午後三時頃、日和佐の町に着いた。日和佐町は二〇〇六年に由岐《ゆき》町《ちょう》と合併し、現在は美波町《みなみちょう》となっている。

太平洋に面した小さな町で、いよいよ外洋のエリアに入ってきた。

美波町は過疎地域であることを逆手に取り、〈にぎやかそ　にぎやかな過疎の町　美波町〉をスローガンに地域活性化に取り組んでいるという。

山の上に小さく見えるのは、日和佐城だろうか。

町の真ん中を流れる日和佐川を渡っていると、橋の向こう側から制服姿の中学生が数人歩いてきた。

「こんにちは！」

え？

すれ違いざま挨拶された。

不意を突かれ、こちらの挨拶が遅れてしまった。

こんな若い子たちが得体の知れない旅人にあたり前のように挨拶をしてくれるなんて、背筋の伸びる思いがした。

傾きはじめた日差しの中、日和佐駅では小学生の男の子が壁を相手に豪速球を投げ込んでいた。懐かしい。僕も野球少年だったから、よくやっていた。何年もかけて人様の家の壁を真っ白にしてしまったが、文句一つ言われたことはなかった。今なら訴訟ものだろう。

潰れかけているようなお店や廃屋、営業しているのかよくわからないスナックをいくつも目にした。過疎の進む地方の現実だ。

それでも〈にぎやかそ〉を合言葉に古民家をリノベーションしたカフェや店舗がいくつもあり、落ち着いた町並みがいい感じに現代風にアレンジされている。

ゆっくりと時間が流れているような静かな町でなんとも居心地がいい。

宿は築百年を超える古民家をリノベーションしたゲストハウスで、狭くて急な階段といい大正時代を切り抜いたような内装に、微かに残る祖父母の家の記憶がよみがえった。

「暑いですねー」と現れた宿の主人はスマートな若者で、今日の宿泊は僕一人だけ。ひょっとすると夕方もう一人くるかもしれないという。

宿帳に、名前、住所、連絡先などを書いていると宿の主人の微動だにしない視線を感じた。逃亡犯にでも疑われているのだろうか。そういえば少し前に留置所から逃走して自転車で日本一周の旅を装って逃げつづけた男がいたが……。

「○○駅」

突然、宿の主人がゆっくりとつぶやいた。

「え、あ、はい。最寄りです。よくご存知ですね」

二年前に引っ越したばかりだった。

「いやー懐かしい住所だなって。ドミノピザあるでしょ」

「ええ？　はい、めちゃくちゃ近いです。家はそのすぐ横のセブンの隣です」

「ですよね。何年前かな、そのドミノピザの裏に住んでたんですよ」

その距離わずか数メートル。なんと僕らは時を超えてのご近所さんだった。

「こんなことってあるんですねー」とお互い興奮しながら、しばし新旧の町の変貌を話して盛り上がった。

ふとした選択が奇妙なめぐり合わせを引き寄せることがあるから旅は面白い。きっと僕は日和佐という町をずっと覚えているだろう。インドのあの町のことをいつまでも忘れられないように。

わかれ道

大学の卒業旅行で、インドを旅した。

南インドのとある小さなビーチを一人でフラフラと歩いていたら、「あの……日本人ですか?」と声をかけられた。

「はあ」と振り返ると、声の主は日本人の若い女性だった。

「久しぶりに日本人に会いました」という。よければ夕食ご一緒しませんかと誘われた。

こちらも一週間ぶりの日本語が懐かしくなり「ぜひ」とお誘いにのった。

その女性はHさんといい、アラビア海を眺める洒落たレストランに連れていかれた。「素敵ですねー」と平静を装ったが、明らかに学生には不釣り合いな雰囲気に懐が心配になった。

Hさんはコルカタからベンガル湾沿いを最南端のコモリン岬まで南下し、デリーに向かって北上する途中だという。

僕とまったく逆のコースだった。

つまりお互いのこれまでの旅が、お互いのこれからの旅になる。どうしたって興味深く、さらにお互い久しぶりの日本語ということで話は尽きなかった。

話し込んでいくとなんとHさんは、僕が高校二年のときの倫理の先生の同級生だというのだ。その事実が分かった瞬間、僕は「えーー!」と他のお客さんが振り向くほど大きな声を出してしまった。

ここはインドだぞ、しかも最南端近くの小さなビーチだぞと、しばらく興奮で動悸がおさまらなかった。

僕は理系で受験科目でもない倫理の授業などまともに聞いていなかった。あるときの倫理の授業中、誰かからまわってきた成人雑誌に熱中していて、いきなりHさんの同級生である先生に注意され、焦ってあらぬページが見開かれたまま床に落としてしまうという苦い思い出があった。

今ならセクハラで訴えられるような阿呆話をHさんにしながら、今日ほど世間は狭いなあと感じたことはなかった。そういえば、インドに到着したばかりの空港で一緒になり、そのまま初日の宿をシェアした日本人の男性は、話していくと大学も同じなら一学年三クラスしかない高校の先輩でもあった。

この旅はちょっと不思議だ。これほどの偶然が訪れるなんて、何かの啓示ではないかとさえ思った。

そして旅の最後に人生の岐路となる知らせが届いた。

Hさんと別れたあと、僕はインドをぐるっと周り、ネパールにも寄って帰国まであと一週間くらいというときだった。

とある町に滞在していて、単位がギリギリだった大学の卒業が無事確定したことを親に知らせるため日本に国際電話をかけた。すると四月から働く予定の新聞社から封書が届いていた。そのまま親に開封してもらうと、配属が〈名古屋〉という知らせだった。

全国紙なので東京以外の配属は十分あるわけで驚くことではないのだが、当時の旅の日記を読み返すと相当ショックを受けていた。

ずっと東京暮らしで、友人も知り合いもいない地に不安だったのだろう。

「環境が変わらなければ成長だってしないさ」と日記に綴り、バイクを買って東京へ遊びに行こうなんて未練がましいことまで書いていた。

電話を終えた後の僕の様子が明らかに落ち込んでいたのだろう。慰めてくれたのは、偶然知り合った日本語ペラペラのパキスタン人だった。

「君はインドにくる前、不安だっただろう。でも今はどうだい？　一人で一ヶ月以上も旅をして楽しかったはずだ。名古屋も同じだよ。今は不安でもきっと楽しいはずだから」

後日判明したのだが、自称占い師のこの男はガチャで出てくるような偽物の宝石を日本人旅行者に高額で売りつける詐欺師だった。

とはいえ、旅先での言葉は刺さる。僕はこの言葉に励まされた。

実際この男の言う通り名古屋での生活は楽しかった。だが耐えられなかった。

そして人生は、急激に暗転した。

僕が社会に出たのは就職と氷河期の間に超がつく時代で、なんら誇れる学生生活を送っていなかった僕が全国紙の新聞社に入れたのはラッキーだった。

元々は広告会社の営業志望。十代の頃は映画制作に憧れていたが、そういうクリエイティブな仕事はセンスの塊みたいな特別な人間がやると思っていた。仲間内で率先して盛り上がるくらいしか能のなかった僕の適性は営業だろうと大して考えずに決めつけていた。広告業界を選んだのも、大学で一番仲の良かった友人が一年前に広告会社に入社していて、多分に感化されただけだった。

就活中に新聞社の営業セクションの説明会に参加すると、今度はめちゃくちゃ楽しそうに仕事を語る社員さんに感化された。

「メディアもあらかた持っているこの新聞社なら、広告会社より主体的に色々なことができそうだ」と志望度がググッと高まった。

しょせん世間知らずの学生の見識だが、それが就活というものだろう。

運良くその新聞社に入社できたものの、配属された名古屋で広告営業として外回りの仕事がはじまると、僕はすぐに音を上げた。

新聞広告は決して安くない。いきなり「新聞広告やります！」と出稿してくれるような企業なんていない。ましてや僕のいた新聞社は、東京や大阪のエリアに比べると名古屋エリアは部数も少なく媒体力も弱い。アポもなかなか取れず、取れても「まあ話だけなら」というクライアントさんばかりだった。

僕には辛抱が足りなかった。

結果がなかなか出ないことに、自分には営業の適性がないとすぐに決めつけた。

失敗を重ね、経験を糧にして、信頼をゼロから積み上げていくような粘り強さも、「そこを何とか」という推しの強さもなかった。徐々にアポを取ることさえつらくなった。

きっとここではないどこかに自分を活かせる道があると営業一年目の終わり頃には転職がチラつき始めていた。

生来の幼さ、過剰な自意識、打たれ弱さゆえだと思う。

当時は新卒が入社三年で三割辞めるともいわれていた時代だが、僕は入社試験の最終面接で「私は辞めません！」と大見得を切っていた。転勤についても「生まれも育ちも東京なので、むしろ東京以外を希望したいくらいです！」と調子のいいことまで言っていた。なのにだ。採用担当者に輪転機で轢き殺されても文句はいえまい。

ひとたび逃げることを意識しだすと、このままでは激変するメディアの世界でとうてい活躍できないと不安ばかりが募った。

後輩もどんどん入ってくる。すぐにごまかしが効かなくなる。

僕は現実から逃避するように、良質な広告コンテンツをつくれるコピーライターになれば、メディアの栄枯盛衰にかかわらず重宝されるはずだと考えはじめた。

この自信過剰な発想の飛躍には、子どもの頃に抱いていたクリエイティブな仕事への憧れが疼いていたからだとも思う。

営業に適性がないのに、コピーライターに適性がある確証なんてもちろんない。

まずはコピーライターの通信講座をはじめた。

仕事のないコピーライターが片手間で添削するような内容で、何の意味もなかった。

次に出版社が運営するコピーライターの養成講座に半年間通った。クラスには若いコピーライターやコピーライター志望者がいた。

この講座にはコンテスト式の卒業制作があり、一等賞になると実際のクライアントさんの広告キャンペーンに自分のコピーを使ってもらえるという特典があった。

僕はこれに賭けてみることにした。

若手が集まる講座の中で一等賞になれないようなら、たとえダメ社員でも新聞社にしがみつく人生の方が何倍も幸せだろうと思ったわけだ。

結果は、まさかの一等賞だった。

正確には一位はもう一人いたのだが、クライアントさんの希望で僕のコピーが広告キャンペーンに採用されることになった。

当時住んでいた名古屋の町で目にする自分のコピーに、「まさか、オレは……」と震えた。

そして転職活動をはじめた。

が、実務未経験では大手の広告会社の制作職は門前払いだった。

ようやく採用されたのは、未経験ＯＫという設立三年足らずの小さな広告制作会社だった。

僕は盲信した。

この先には期待通りの未来が待っていると。リスクなんて微塵も考えなかった。

忘れもしない某年四月十二日。

新卒で入った新聞社を四年で辞し、僕はほぼ求人広告しか作らないわずか十五人のベンチャー企業に転職した。

地獄の始まりだった——


やっぱりあのパキスタン人は詐欺師だった、というわけではないが、あんなつらい日々を送るくらいなら配属を告げられたインドのあの町で帰国便のチケットをちぎり、そのまま放浪の旅に出ればよかった。とまあそんな度胸は今だってない。

ときどき、東京に配属されていたらと思うことがある。たぶん転職しなかった気もするし、少なくとも四年で辞めてベンチャー企業に転がり込むようなことはなかっただろう。

その意味では、生まれ育った東京を離れ、名古屋に行ったことは僕の人生を大きく動かすわかれ道だった。

人生に、たられればはない。

あの選択がよかったかどうかを考えるのは無意味だし、どっちに転んだって自分の人生だ。よかったと思えるような人生を歩むしかない。過去を変えるのは未来なのだ。

あの転職は、まさしく地獄のはじまりだった。

でも、あれから何年か経ち、いま太平洋をのぞむ四国の小さな町で移動駄菓子屋カーに群がる子どもたちの姿に幸せを感じているのだから不思議なものだ。

来年の今ごろはどこを旅しているだろう。そんな未来のことを考えられる呑気な心の余裕があるだけでも、僕の人生は幸運だ。

夕食は宿で勧められた食堂でお刺身と阿波尾鶏《あわおどり》の唐揚げを食べた。もう一人くるかもといっていた宿泊客は、結局こなかった。

大浜海岸

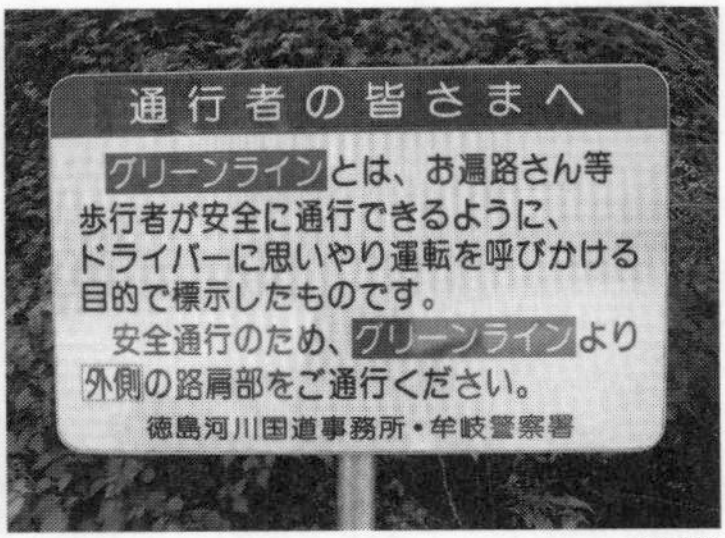
通行者の皆さまへ
グリーンラインとは、お遍路さん等歩行者が安全に通行できるように、ドライバーに思いやり運転を呼びかける目的で標示したものです。
安全通行のため、グリーンラインより外側の路肩部をご通行ください。
徳島河川国道事務所・牟岐警察署

HARLEY-DAVIDSON
TOKUSHIMA

四国一周
徳島
Round
Shikoku
Tokushima

4

日和佐―室戸―高知

ふし穴

三日走っただけで体が重い、疲労が抜けない。

アラームは朝の三時に鳴ったが、四時まで布団から出られなかった。

宿の主人の話では、日和佐から高知県との県境まで多少のアップダウンはあるが、その先は高知市までフラットな道のりだという。

宿のサービスの食パンとコーヒーをいただき、五時前に出発。

〈おそい車は左へ寄ってくれるけ　海部郡交通安全協会〉

方言全開の標識に和む。

暑い海沿いを避け、森へとのびる道を進む。

霧が出て涼しい。気温二十一度。快適だ。

坂は多少キツいがそう長くはないのでなんとかなる。今朝は雲も出ていて、直射日光を避けられるだけでも体の疲労度がかなり違う。

昨日、日和佐の薬王寺で手を合わせたおかげだ。

ウミガメの産卵には遭遇できなかったが、博物館では一メートルを超える巨大なウミガメを何頭も拝めた。七十歳を超える世界最高齢のウミガメまでいた。やはり幸運を運んできてくれたのだ。

ようやく運が上向いてきたぞとテンションが上がってきていたが、あらたな厄介事が静かに近づいていた。

牟岐町《むぎちょう》まで走ると太平洋に出た。

外洋は青が深い、波も太い。大きなボードを脇に抱えて海へと走るサーファーの姿も見える。同じ海でも湖のようにおだやかだった瀬戸内とはまったく違う景色だ。

県境の海陽町《かいようちょう》までくると宿の主人の言っていたとおり、道はほぼフラットになり、海からの追い風が背中を押してぐんぐん進む。

「うおーーーーーーーー！」

誰もいないから叫び放題だ。澱が吐き出されるようで気持ちがいい。

久しぶりに大声をあげながら、ドロップハンドルの下ハンドルを握り、前傾姿勢で思いっきり走った。

しばらく海沿いを走っていると右手に宍喰《ししくい》温泉の道の駅があらわれた。あいにく温泉は営業前だったが、停まったついでに少し休憩することにした。

ベンチに座り、水分補給をしているとサイクリストが通り過ぎていった。

六十代とおぼしき男性一人。短パンとTシャツからむき出た太ももと二の腕は日に焼け、みごとに引き締まっている。ギコギコと音のしそうな自転車のリアキャリアには大きな荷物。テント泊だろうか。たくましい。

こんなタフな大先輩の姿を眼前にすると、十年経っても、二十年経っても、あんな風に旅ができるかもしれないと勇気が湧いてくる。人生は生きるに値すると背中で語れる年の取り方をしたい。


道の駅から十分ほどで、高知県に入った。

ついに四県目。ブルーラインも〈四国一周　室戸岬《むろとみさき》〉のサイン。

今日は室戸に宿泊しようと考えていたが、この分だと午前中には着きそうだ。天気も道も最高だし、もっと先まで走ろうか。そう上機嫌で自転車用の空気入れが常備されたコンビニでおにぎりとチキンバーの軽食を摂っていたら、東京の知人からメッセージが届いた。

――台風4号が……明後日くらいから……四国に来るよー

えっ。

まったくのノーマークだった。

よりによって台風とは。

一気に心が暗くなった。

雨は怖い。スリップの危険も増すし、土砂崩れに巻き込まれる可能性だってある。どこかで足止めを食うかもしれない。

追い風の吹くいまのうちにできるだけ進むことにした。

日和佐から約八十キロを五時間で走り、十時前に室戸岬に到着した。

小学生の頃、八歳年長の兄の影響でハマっていた高校野球マンガではじめて知った室戸岬。室戸にある県内屈指の進学校が主人公率いる無敵の高校を追い詰める熱戦に興奮し、あの頃から生粋の判官贔屓になった気がする。クラスでも一人で万年最下位争いだったスワローズの野球帽をかぶっていた。

いつか訪れてみたかった幼少期の思い出の地、室戸岬の突端に立つ。ゴツゴツとした岩礁の先で波が荒ぶっている。

いま視界にあるのは海だけだ。

地球の七割が海。この先は赤道を越えるまでずっと海しかない。何千キロ先にようやくニューギニアやオーストラリアがあるのか。こんな巨大な塊が押し寄せてくれば、人間社会などひとたまりもない。

太平洋を眺めながら走っていると瀬戸内では見ることのなかった標識を何度も目にする。

〈ここから　津波浸水想定区間〉

海がかなり下に見える高台にもこの標識があるのは、科学的に最大クラスとされる南海トラフ巨大地震に備えてのことだろう。ボランティアで何度も訪れた東北の太平洋側でもこの標識をよく目にした。四国の太平洋側もまた津波が身近な災害なのだ。

だが海沿いには小さな集落もあり不安になってしまう。

津波は必ずくる。それは十年後かもしれないし、百年後かもしれないし、今日かもしれない。いつかはわからないけれど、くることだけは確実なのだ。

この海を眺めながら、弘法大師さまは何を思っただろう。

若き日の弘法大師さまは室戸岬を修行地に選び、難行苦行の末、多くの悟りを開いたと言われている。

その姿を再現した高さ二十一メートルの青年大師像が海をのぞむ。

近くには、悟りを開いたとされる洞窟が残っていた。

国道五五号沿いに岩山がえぐられたようなスペースがあり、奥に穴が二つ。向かって右側にあるのが、若き弘法大師さまが難行を積んだとされる神明窟《しんめいくつ》。左側が居住したと伝えられる御厨人窟《みくろど》。あわせて通称「みくろ(ら)洞」と呼ばれている。

その手前の木の柵に、岩の風化などによる落石があるため〈自己責任のうえで入洞をお願いいたします〉と書かれていた。

幸い自転車用のヘルメットをかぶっているので、そのまま入洞した。

難行を積んだ神明窟は大人四、五人が入ればいっぱいになりそうな狭さで外界の暑さが嘘のようにひんやりしていた。

ここで修行中に明星が口に飛び込み、その瞬間に悟りが開けたという伝説が残っている。

隣の御厨人窟は生活していたというだけあって、アパートのワンルームくらいの広さがあった。天井から水の滴る音が響き、かき消すように波の音が聞こえた。この波の音は〈日本の音風景百選〉に選定されているそうだ。

振り向くと出口の先に、海が見えた。

弘法大師さまが修行した千二百年前は洞窟の標高が今よりも数メートル低く、海面が近かったそうだが見えた景色に大きな違いはなかっただろう。

青年だった弘法大師さまは、この洞窟から見えたのが〈空と海〉だけだったことから〈空海〉の法名を得たとされている。

空と海。

究極的にこの世界には広大な〈空〉と〈海〉しかない。人間を含めた残りは小数点以下切り捨ての誤差だ。

弘法大師さまと同じ景色を見ながら、僕はまったく空を意識できていなかった。海しか見えていなかった。いかに自分の目が物事を見えていないかよくわかる。

旅は属人的だ。同じ景色でも見る人が違えば、見えるものも得られるものも違う。体験も異なる。だからこそ、世界にはもはや空白地がないといわれようと一つとして同じ旅などない。人の数だけ、旅があるのだ。

室戸岬からは、土佐湾の海を左手に見ながら高知市に向かって半島を北上する。半島の逆サイドを南下していた午前中は海から吹くのは追い風だったが、今度は向かい風になる。とはいえ、風があるだけ暑さはいくぶん楽だ。

こころなしか海の向こうに白い雲が増えてきたように見えるのは台風が近づいているせいか。午前中よりペースは落ちるだろうがなんとか高知市あたりまで行きたい。

椰子の木の生えた国道五五号を快調に走り、室戸の市街に入ったあたりで急ブレーキをかけた。
二、三十戸はありそうな二、三階建てのアパートが倒壊寸前で、奥のアパートに倒れかかったまま放置されていた。
「え、このまま?」と思わず声が出てしまった。

一階から引きちぎれたのか、はたまた、どこからか吹っ飛んできたのか。アパートは崩壊したばかりには見えなかった。

室戸岬は沖縄の宮古島や鹿児島の枕崎などとともに〈台風銀座〉と呼ばれる台風の常襲地域だそうだ。一九三四年（昭和九年）に約三千人の死者行方不明者を出した室戸台風は、枕崎台風（一九四五年）、伊勢湾台風（一九五九年）と並んで昭和の三大台風に数えられ、古すぎて参考記録ながら日本本土に上陸した観測史上最強（上陸時の中心気圧が最低）の台風ともいわれている。当時の被害映像を観ると東日本大震災の大津波が去ったあとのような壊滅状態だった。

そんな地域ならアパートが吹っ飛ぶような強風がくるのかもしれない。よもや人力でアパートをなぎ倒すとは考えられないし。ただ僕が気になったのは、崩壊よりもそのまま放置されていることだった。

以前、財政破綻した北海道の夕張を旅したが、あの町では使われなくなった遊園地や宿泊施設といった大きな建物が廃墟となって残っていた。建物は造るのにたくさんのお金がかかるが、同じように壊すのにもお金がかかるということがよくわかった。

倒れかかっている奥のアパートはさすがに無人のようだが、隣接する集合住宅は駐車場に車もあり、洗濯物も干されている。確実に人が住んでいるだろう。それこそ台風銀座よろしく、大きな台風がやってきて崩壊アパートがバラバラにでもなれば、さらなる被害を生みかねない。景観だって悪い。放置する意味はないように思える。もちろん建物が一つだけだから撤去は簡単というわけではないのかもしれないが、どうもそれ以上の何かを勘繰ってしまう。

なんとなく聞き込みでもしたくなるが、通りすがりの旅人が半端な好奇心で踏み込んではいけない領域というものがあるだろう。

そんな領域にガンガン踏み込んでいくジャーナリストに憧れたこともあった。

新卒で入社した新聞社で一日だけ記者研修を受けた。怨恨の疑いのある火事の事件で、消火活動の最中、遺族にコメントを求める先輩記者の姿に怖気づいて、とても自分にはできないと自信喪失した。

あれが社会に出て最初の挫折だった気がする。

人生なんて挫折の連続だ。エジソン風にいえば、できないことを発見するのが人生だが、若い頃はその挫折をどうやって受け止めればいいかわからなかった。

僕には軽度の吃音があり、突然言葉が出なくなることがある。いまでも会話中にいきなり言葉に詰まってしまう。そうなると不自然に床を踏み込んで勢いをつけないと話せない。

とりわけ子どもの頃は症状がひどかった。電話に出るたび床をどんどん踏みつけながら、「も、も、も、もしもし」と吃ってしまい、よく兄姉に真似された。

学校でも同様で、先生に指されても吃ってしまいそうだと思うと怖くて、恥ずかしくて、赤面したまま立ちすくんでいたことは数知れない。

赤面といえば、こんなこともあった。

小学校に入ってすぐの図工の授業で、描いた絵を〈下手の見本〉としてみんなにさらされた。先生に悪意があったのかはわからないが、顔が燃え上がるほど恥ずかしかった。以来、美術系はもちろん音楽やファッションといった領域や、それに付帯する〈センス〉という言葉に臆病になった。

この頃から人目を気にするようになった気がする。恥をかく苦手なものは遠ざけ、得意なことに専心するようになった。それこそが最短距離で人生を成功へと導く近道だと思っていた。成功とは何かも考えずに。そして、すぐに行き詰まった。

小学生の頃、野球部に所属していた。キャプテンとして地区の大会で優勝した。学校初の快挙だった。ただ地区の代表として出場した大きな大会では、大人のような大柄な同学年の選手たちに圧倒された。すぐにプロ野球選手になる夢は捨てた。

中学は陸上部だった。やはり地域の大会を勝ち抜いても、上のレベルでは予選落ち。こっそりと抱いていた将来スポーツで身を立てる道も捨てた。

学業も高校で挫折した。歯が立たない数学の難問をスラスラ解くクラスメイトに、違う生物と競うような思いだった。それを言い訳に受験勉強も投げ出した。

得意なことも、少しでも自分よりできる人間に出会うと頑張ることすら放棄して逃げてしまう。どこかで人より秀でなければ、自分の存在価値がないとさえ思っていた。自分より優れた人たちがやればいいのだからと。

その結果、僕の中には何も残らなかった。

勉強もせず、部活にも入らず、夢中になれるものもなく、フラフラした学生時代を過ごしていた。野球だって、陸上だって、数学だって、好きならもっとつづければよかった。下手くそでも絵だって好きだったのだ。いっそ日本中を旅でもすればよかった。

僕の頭の中は、あまりに狭かった。

ばばあ!

海からの向かい風に苦しみつつ、室戸岬から国道五五号を五十キロほど走り、阪神タイガースのキャンプ地で有名な安芸《あき》市に入った。

右手に安芸ドーム。〈ようこそ安芸タイガース球場へ〉という表記に、阪神と心中する気なのかと驚いた。

阪神がキャンプ地を変更したら球場名を変えるのだろうかと燕党がいらぬ心配をしながら海沿いを走っていたら、さらに海側に自転車専用道路があらわれた。

車道はやはり怖い。このところフラットな道がつづいていたとはいえ、走り出しのたびにノロノロと立ち漕ぎしている自転車は車からすれば邪魔な存在だ。シフトレバーが折れてから別のトラブルはないが、またいつ何かが壊れるかもわからない。高知市に近づき交通量も増えて緊張を強いられていたからホッとする。

フラットな自転車専用道路を快調に走る。信号もないから立ち漕ぎもしなくていい。久々サイクリングを楽しむ余裕が出てきた。

シャカシャカシャカシャカ――

単調な金属音が心地いい。風を切り裂き、脳みそからストレスの膿が飛び去っていく。ランニングでは、たとえこのスピード感を得られても体への負荷が強すぎる。この爽快感は自転車ならではだ。

左手に土佐湾の海が広がる。静かな浜辺には人の姿がぽつりぽつり。その向こうに白い雲が増えてきた。ブルーラインには〈四国一周　高知　35㎞〉のサイン。なんとか行けそうだ。

香南《こうなん》市あたりから海沿いの道を離れ、南国《なんこく》市を抜け、高知市に入るとついにポツポツと雨が降り出した。急げ。

高知市内の目抜き通りは路面電車が走り、大きなビルも立ち並ぶ、さすが県庁所在地だ。夕方五時、直前に予約したゲストハウスに到着。まだまだ現役バックパッカーですといった雰囲気がプンプンするオーナーが威勢よく迎えてくださった。

「お疲れさんです。今日はどちらから？」

「徳島の日和佐からで……百六十キロくらい走りました」

「ほーそらー結構走りましたね。愛媛スタートなら、ここらあたりがちょうど半分といったところですわ」

「半分か……すごい。実はギアが……」とシフトレバーのトラブルの件を話した。今日はフラットな道が多かったとはいえ、立ち漕ぎのたびにハンドルを強く握るせいでハンドルのバーテープはベロベロにめくれてしまっていた。

「いやーそりゃすごいわ。でも直らんじゃしょうがないねえ。ここまでは道がいいんですけど、明日はきついですよ。七子峠《ななことうげ》通るでしょ？」

やはり七子峠が鬼門なのか。

東かがわでリタイアを勧められた自転車屋さんの言葉がよみがえる。

――やめといた方がええかもしれんね。この先、まだまだ長いし。七子峠とかも行くんやろ。きついでえ。山の方でなんかあったら、えらいことやしな。やめた方がええかもしれんよ。

「やっぱり七子峠ですか。香川でも自転車屋さんにいわれたんです。そんなにきついんですか？」

「まー車でもきついからね。いつまでつづくんやってくらい坂が延々つづくんですわ。しかも台風近づいてるからね。明日は雨やろうし。ギア壊れてるんじゃ、ちょっと無理なんやないかなー」

マイナスの情報しかない。はーとため息が出そうになる。

「そうですか……まあ無理せずなんとか行けるところまで行ってみます。もう本当にきつくなったら愛媛に友だちがいるんで助けにきてもらいます」

「そんならまあね、子どもやないし。ま、気をつけてね。そんでーかつおのたたきは食べたい？」

オーナーさんがお勧めするには、県庁や高知城のすぐ近くにあるひろめ市場に行くのが手っ取り早いとのこと。いろいろなお店が集まっている屋内市場で、好きなものを選んで、その場で食べられるという。

さっそく路面電車に乗って市場へ行った。

アーケードの奥にある市場の出入り口からは人があふれでていた。なんたる盛況ぶり。人をかきわけ、市場に入ると飲食店はもちろんお土産物屋さんやマッサージ屋さんなど四、五十店舗はありそうで、年末のアメ横のような活気だった。

さすがにかつおをはじめとした魚介をあつかうお店が多いが、中華料理屋やインド料理屋もある。店舗型の店もあるが、盛っているのはたくさんのお店に囲まれ、テーブルやイスがいくつも並ぶフードコートのようなエリア。みんな真っ赤な顔でお酒片手に大騒ぎしている。その横で席を待つ長い列がつづいていた。

「これ並ぶんですよね……」

一人だけだし、ぬるっと潜り込めないかなという淡い期待を隠しつつ、僕は同情を誘うように、やや恰幅のある年配の女性店員さんに苦々しそうな笑顔を向けてつぶやいた。

「なにい？　一人？」

「あ、はい、自転車で四国一周やってまして。ホテルでここを勧められたんですけど、こんなに混んでるとは思わなくて。あの列に……並ぶんですよね」

店員さんは見定めるように僕に視線を向けながら、

「うーん、ちょっと待っとってね」と笑顔でいうと、ちょうどいま空いたばかりのテーブルに案内した四人家族に声をかけた。

「すいません、お客さん。この人ねー一人なんですって。ちょっとだけ相席いいです？」

「え、ああ、はい、どうぞ」

「はい、お兄さん、ここどーぞ」

なんとお父さんの隣の席を案内してくれた。まさかこんなに思い通りにいくとは。

「え、あ、ありがとうございます！　すぐ食べ終えますんで。本当にすみません」

下心が漏れないように、そのご家族と店員さんに何度も頭を下げた。

いや別にそんなんええよ、という感じで店員さんは笑顔を返してくれた。

と、そんな心優しき店員さんを、忙しなくテーブルを片付けていた少し若い別の店員さんが一喝した。

「はよ、働けや、ばばあ‼」

茶化すテンションではなく、痺れを切らしたボスが手下に恫喝するような声色に思わず耳を疑った。

「いえ、彼女は決してサボっていたわけではなく、僕のために……」とおばさまの不当な疑いを晴らさなければと思ったが、怒鳴られた当のおばさまは「あいよ、あいよ」とどこ吹く風。何もなかったかのように怒鳴った店員さんと「この前のあのお客さん、あれなー」「ほんま！　きゃっきゃっきゃっ」と仲良く話している。

相席させてくださったご家族も全く意に介さず「で、どないする?」とすでに話題はメニュー選びへと進んでいた。

これ普通なのか? 客の前で、ばばあ!って、女子プロレスみたいじゃないか、と一人で狼狽していることが途端に恥ずかしくなり、誰にも言えない不安を悶々と抱えながらメニューに目を落とした。

以前、高知の人から、高知弁は同じ四国の人でさえ喧嘩していると勘違いされるくらい言葉がキツいと聞いたことがあった。耳をそば立てるとお隣のお父さんもお母さんも息子たちへ「何食いたいか吐け!」と尋問する刑事のようなキツい口調だ。客前だろうと「はよ、働けや、ばばあ!!」は高知弁では通常運転の言葉遣いなのだろうか。

日本は広い。知らないことだらけだ。

ともあれ親切な店員さんのおかげで、かつおの塩たたきにありつけた。昼に食べたかつおよりさらに分厚いかつお七切れに粗塩がふられた豪快な料理で、やわらかい生肉のような食感が美味しかった。

ひろめ市場を出ると、またポツポツと雨が降り出した。

高知県庁の周りを散歩していると小さく高知城が見え、石の柱に東京八八五・五キロメートルと記されていた。

あらためて足し算すると今日で松山から四百五十キロ超走ってきたことになる。シコイチの半分であり、東京高知間の半分を超えたくらい。

シコイチを走り切ったら、高知から東京までを走ったことになるのか。しかもギア一枚の自転車で。灼熱の暑さのあとには台風まで迫っている。これを走り切ったら、オレは人間を超えられる。

そう茶化して自分を鼓舞してみたが、あまりにゴールが遠すぎて現実感がなかった。

ポツポツと降り始めた雨は、ベッドに入る頃には、バチバチバチバチと窓を叩く音がうるさいくらい激しくなった。

明日は七子峠。

台風は確実に近づいている。

四国のみち

ここから
津波浸水想定区間

名勝及天然紀念物
室戸岬

5

高知——土佐——四万十

アフター9・11

目が覚めると夜通し降っていた雨があがっていた。チャンスだ。すぐにパッキングしてチェックアウト。ゲストハウスの裏の駐車場に停めておいた自転車のリアキャリアに荷物をくくりつけ、まだ薄暗い朝の五時前に走り出した。

コンビニで朝食を手早くすませ、高知市街を流れる鏡川《かがみがわ》を渡ろうと土手を走るも橋が頭の上を越えていく。

橋の脇の道を進むと今度は民家にぶつかり行き止まり。

土手の方に戻り、スマホで地図をチェックしていると大きな声が聞こえてきた。

「なんやー！　迷ったんか！」

顔をあげると、少し離れたところから半裸のオッチャンがこちらを見ていた。

「川、渡るんか！」

明け方とは思えない威勢。ここは自転車侵入禁止なのかと不安になりつつ、「あ、はい！」と大きめの声で返事をした。

「そんならな……」

オッチャンがうれしそうに笑顔で近づいてきた。

ここは迷う人が多いのか。「あそこからな、ぐるっーとな……」と慣れた感じで川の渡り方を教えてくれた。

昨日のひろめ市場の店員さんといい、高知の人は言葉遣いがドキリとする分、親切が沁みる。

旅先で助けられるたび、困っている人がいたら恩返しを……と思うのだが、東京に帰ると「ああ見えてヤバい奴かもしれないしな」という警戒心が先立ち、聞かれなければ道案内などしない。「キャナイヘルプユー」なんて学校出てから口にしたこともない。

地獄と極楽の話をなにかの本で読んだ。

見た目はそれほど違いがない。どちらも大きな釜においしそうなうどんが煮えている。そして、みんなが一メートルもある長い箸をもっている。

地獄の住人は、我先にと箸を釜に突っ込んで食べようとする。けれど箸が長すぎて、うどんを自分の口にうまく運べない。そのうち他人の箸の先のうどんの奪い合いを始めてしまう。結局、ちゃんと食べられなくて、うどんを目の前にしながら、誰もが飢えて痩せ衰えている。

一方、極楽では、誰もが箸でつかんだうどんを向かい側の人に先に食べさせてあげている。だから全員がうどんを食べられて、満ち足りているという。

人間は元来利己的な生き物だが、利他の心がないと地獄の住人になってしまうというわけだ。

まだまだ僕は修行が足りないが、高知の人たちの親切に触れ、今度こそ困っている人がいたらと心をあらたにした。

半裸のオッチャンのおかげで無事鏡川も渡れ、一時間ほど走って土佐《とさ》市に入った。

土佐といえば、やはり兄の影響でハマっていた高校野球マンガで主人公たちの最大のライバルである土佐の高校のイメージが長年こびりついていた。

高校生ながら荒ぶる土佐犬を従え、スパイクをヤスリで研ぎ、相手チームを血まみれにするような殺人野球と恐れられる気性の激しい選手たちはほとんどゴロツキのような荒くれ者で、それがそのまま僕の高知のイメージに定着してしまっていた。それさえなければ、高知の人の言葉遣いにあんなにも過剰に反応しなかったろう。

もちろん旅する今はそんな先入観がお門違いで、他の四国の県と同様、高知も旅人に親切な人であふれていることを実感している。むしろ、その親切心につけ込んでひろめ市場で行列をすっとばした僕の方がよほど非人道的だ。

旅は間違った認識や先入観を覆してくれる。

9・11として世界に記憶されるアメリカ同時多発テロ事件。あのとき僕の兄はニューヨークのワールドトレードセンターで働いていた。着任してまだ一週間。はじめての子どもが一歳だったこともあり、単身での渡米だった。

オフィスはちょうど旅客機が突っ込んだフロア付近だった。

当時世界一の高さを誇っていたワールドトレードセンターが倒壊する様をテレビで観ていた僕は、さすがにあの状況で兄が生きているわけがない、肉親がテロで死ぬとかあるのかと複雑な感情に陥ったのをよく覚えている。

ところが兄は生きていた。テロから数時間後、ニューヨークから日本の奥さんの元に連絡があり無事が確認された。その日の朝だけオフィスに出社せず、少し離れた別の場所でミーティングをしていたという。兄がイスラム教徒だったら拘束されるようなアリバイだ。そんな幸運があるのかと今度は生きていたことが信じられなかった。

以後、アメリカをはじめとした西側諸国ではイスラム教徒へのバッシングが巻き起こった。日本も同様で、イスラム教＝怖いという根拠のないイメージが多くの人たちにこびりついた。正直、僕も排他的な人や感情的な人が多いのではないかというネガティブな先入観に囚われていた。

ただ、僕の中でイスラムに対する確固たるイメージはなかった。それまでは旅といっても欧米やアジアの仏教国ばかりで、知り合いにイスラム教徒もいなかった。

ならば、この目で見てみようと思い、バングラデシュ、パキスタン、イラン、シリア、ヨルダン、トルコといったイスラム教徒が多く暮らす国々を旅することにした。

そして、僕は、何度もイスラムに救われた。

トルコではバザールで睡眠薬を飲まされた。

親しげに話しかけてきた男に勧められるままバヤリースみたいな瓶のジュースを飲んで

しまったのだ。

指だけで瓶の蓋が開くわけがないし、怪しいなあとも思ったのだが、旅慣れしたつもりだった僕は刺激を求めて一口くらいならと舐めてしまった。耐えがたい苦さで、すぐにジュースを男に押し返したが、時すでに遅し。次第に頭がぼーっとしだした。すると男がまわりに目配せしはじめた気がした。まだ体の動くうちに逃げなければと僕は急いでバザールの人混みに逃げ込んだ。男は何か叫んでいたが、追いかけてはこなかった。

頭のふらつきは次第に激しくなり、もう走れないというところでチャイ屋に飛び込んだ。テーブルに突っ伏しそうになりながら、店員さんに「コ、コーラを……」と注文を告げたところで記憶は途切れた。

どれくらい気絶していたのかわからないが、気がつくとノートにほとんど判読不能の文字で、男が話しかけてきてからの顚末を書き殴っていた。

救いはチャイ屋さんが親切だったことだ。

気絶していても追い出すことなく、目を覚ますまで待って「大丈夫かい？」と親切に声をかけてくれた。「たぶん睡眠薬を……」と事情を伝えると長居を許してくれ、とりあえず水分を取った方がいいとチャイを何杯もおかわりさせてくれた。おかげで無事ホテルに帰ることができた。

「危なかったね、そのチャイ屋がいなければ、君はお金もパスポートも、下手すれば命も失っていたよ」とホテルで言われ、あらためてゾッとした。

その夜には予定通り奇岩で有名なカッパドキアに向かうことができたのだが、今度は運悪く最終のバスに間に合わず、真夜中の雨の野っ原で一人になってしまった。町まで十キロという表示に愕然としながらトボトボ歩いていたら、たまたま通りかかった車が停まってくれた。事情を話すと親切にも格安ホテルを探してくれ、遠回りして送ってくれた。おかげで野宿も免れ、翌日カッパドキアを堪能することができた。

またイランでは長距離バスでホルムズ海峡から北上中、検問で警備の軍人に銃口を突きつけられた。アフガニスタン人だと疑われたのだ。

下手にパスポートを取り出そうとポケットに手を入れでもしたら撃たれるかもしれない。「ジャパン！　ジャパニーズ！」と叫んでも軍人は僕に狙いを定めたまま銃口を下ろさない。両手を挙げたまま誤射とかしないよね、しないよねと泣きそうになった。そんなピンチを救ってくれたのは、バスに乗り合わせていたイランの人たちだった。

彼らとは挨拶程度でまともな会話すら交わしていなかったのに、「彼は日本人！　日本人！」というようなことをおじさん、おばさん、子どもたちが必死になって大きな声で叫んでくれた。おかげでようやく軍人は銃口を下げてくれ、パスポートを見せて疑いを晴らすことができた。人生でも一、二を争うくらい怖かった。

どうやらアフガニスタンには、ハザラ人という日本人とよく似た顔立ちの少数民族がいるらしい。首都のテヘランから地方へ行く場合は大して問題ないようなのだが、逆に国境近くや海岸沿いから中央の都市へ向かう場合は、密入国してくるアフガン難民や過激派あたりが紛れ込んでいるかもしれないので検問もかなり厳しいそうだ。

他にも町中の宿が一杯だったり、食堂のトイレに閉じ込められたりしたこともあった。そんなピンチに陥るたび、誰かが僕を助けてくれた。

僕に同じようなことができるかと考えたら、自信はない。

新宿の歌舞伎町や渋谷のセンター街で口半開きの外国人がヨロヨロと走ってきたら薬物乱用者かもしれないと急いで道を空けるだろうし、厳戒態勢が敷かれたエリアで外国人が警官に怒鳴られていても、言葉が通じず困っているのではと考える前に関わらないでおこうと足早に立ち去るだろう。夜中にヒッチハイクしている外国人なんて、怖くて素通りしてしまう。

イスラム教の聖典コーランにはこうある。

〈親孝行し、近親たち、孤児たち、貧しい人たち、近くの隣人、遠くの隣人、親しい連れ、旅行者、あなた方の右手が所有する人（奴隷）に親切にしなさい。誠にアッラーは高慢な人や自慢する人を愛しません。『クルアーン：やさしい和訳（図書刊行会）』〉

彼らのためらいのない旅人への親切心はイスラムの教えが影響していると思う。そのおかげで僕の旅したイスラムの世界は、美しく、誇り高く、親切で、清潔で、食事も美味しく、楽しい思い出ばかりだ。旅したパキスタン、バングラデシュ、トルコをはじめ、国民のほとんどがイスラム教徒という国々では、日本やアメリカでもいまだ実現していない女性の国家指導者が一九八〇年代からたくさん活躍していることも知った。

もちろん抜群に美しかったシリアもいまでは激しい内戦状態に陥ったように、どの国も、どんな宗教も、矛盾や課題をたくさん抱えている。

どこの世界にも悪い奴はいる。

トルコで車に乗せてくれた人が悪い奴だったら、僕はどこかへ連れ去られて人生が終わっていたかもしれない。でも終わらなかった。

人を信じることができなければ、一人旅なんて面白くない。

イスラムはそれを僕に教えてくれた。

雨の森

土佐から二十キロほど走り須崎《すさき》に着いた。

この先に七子峠がある。

東かがわでは自転車屋さんに「やめといた方がええかもしれんよ」とリタイヤを勧めら

れ、昨日の宿のオーナーさんからは「雨のなかギア一枚じゃ無理じゃないかな」と心配された峠。

だが昨日のオーナーさんは、こうも言っていた。

「でもねえ、半島の先は本当に綺麗な景色があるからね。できるなら見てほしいなぁ」

台風が接近していては、この先の景色も期待できないが行ってみたい。そうコンビニで意を決しているとついに雨が降ってきた。この旅ではじめてレインウェアを羽織った。

国道五六号を走る。最初のトンネルは三百メートルと短い。手前の標識には、〈四万十《しまんと》市76㎞　四万十町30㎞〉のサイン。四万十は、市と町があるのか。

自転車で車道を走っていて怖いのは、なんといってもトンネルだ。肩口を大型車が走り抜けていく瞬間は、何度経験しても体がこわばる。ただこのあたりのトンネルはお遍路文化のおかげなのか、幅広い歩道が多くて助かる。

トンネルを抜けると左手を線路に、山へと道がのびていく。

絶滅種に指定されるニホンカワウソが最後に確認されたという新荘川《しんじょうがわ》を渡ると〈津波浸水想定区間　ここまで〉の標識。ここから先は津波もこられない高さになるようだ。

次のトンネルには歩行者用の道がなく、狭い路肩をこわごわ走る。神経が削られる。トンネルは高低差があまりないのだけが救いだ。これで立ち漕ぎを強いられたら、たまったものじゃない。

トンネルを抜けるとまたすぐトンネル。やがて眼下に海が見えた。曖昧な水平線に白い雲が広がる。気温は三十度には届かなそうだが蒸す。少しずつ雨が強くなってきていた。クネクネとした道がつづき、またトンネル。トンネルを抜けるたびに建物が少しずつ減っていく。

次の一キロほどの長いトンネルは、わずかに登りのよう。トラックとかくるなよと祈りながら、立ち漕ぎでスピードをあげて一気に走り抜けると道は高い木々に挟まれたゆるやかな下りとなった。さっきからリアのブレーキの効きが悪い。

どんどん雨が激しくなってきたと思ったら、いきなりスコールのような土砂降り。広い駐車スペースの奥に見えた東屋に逃げこんだ。

この下りが終われば、いよいよ七子峠へとつづく車でもうんざりするほど長いという登り坂が待っている。状況としてはかなりキツいが、僕の心は案外落ち着いていた。

バチバチと東屋の屋根を叩く雨が、外界の音を遮断する。

いま僕がここにいることを地球上で知っている人は誰もいない。自分が人間社会の埒外にいるような快感が雨と一緒に全身に沁み渡る。僕が生まれたのは、梅雨時の雨の日の夜だったらしい。


雨への概念が変わったのは、屋久島《やくしま》の森を旅してからだ。


鹿児島県の南に浮かぶ日本初の世界自然遺産・屋久島。

樹齢千年を超える屋久杉を抱く〈苔むす森〉は、映画『もののけ姫』でシシ神やコダマたちのいる森のモデルの一つともいわれる。

その程度のイメージで僕は屋久島を訪れた。だから屋久島の世界自然遺産の登録地が、島のわずか二十一パーセントしかないと聞いて驚いた。〈苔むす森〉も含まれていない。勝手に島全部が世界遺産だと思っていた。

あの森には、足元に土がなかった。

年間四千ミリメートル以上、山の上では一万ミリメートルという規格外の雨が土を流してしまうのだ。土のかわりに目にするのは、緑色の苔。日本に生息する二千種近い苔のうち、七百弱がこの森に生きているという。極端な多雨の環境は苔にとって理想的なのだろう。苔におおわれた森は、まるで大きな盆栽のようだった。

栄養の乏しい花崗岩の山地に生きる屋久島の杉の成長は極めて遅い。けれど、ゆっくりと育つことで材質が緻密で樹脂分が多く、腐りにくいという特性を手に入れ、何千年という寿命を実現している。

また倒れた後もすぐに朽ち果てることはない。

倒木や切り株の上からは、あらたな杉が生えていた。世代を紡いでいくことから二代杉と呼ばれ、なかには四十メートル近い高さにまで成長している巨大な三代杉もあった。

杉だけではない。

樹齢三千年を誇る紀元杉《きげんすぎ》には十二種類もの、七本の枝が見事な七本杉には八種類もの、種々の植物が樹上の苔などに着生していた。

さらに不思議な共生関係を築いているのが、締め殺しの木として知られるアコウとガジュマルだ。

アコウとガジュマルの花は果実のような袋の中にあり外からは見えない。だが、なぜかそれぞれアコウコバチとガジュマルコバチという体長数ミリほどの小さな蜂だけが花の存在を知っている。

袋の先の小さな穴からメスのコバチが中に入り、卵を産みつける。その卵から生まれたコバチのメスの体に花粉がつき、そのメスが別の花に入り込んで卵を産みつける際に、無事、受粉できるという。そして花の中で生まれたコバチのメスとオスが交尾をし、またメスが他の花に卵を産みつけるために飛び立っていくという命の営みが繰り返されている。

つまりアコウやガジュマルは、このコバチたちがいなければ滅んでしまい、コバチたちもまた花の中で命を紡ぎつづけているのだ。

さらにアコウは実を食べたヤクザルやヤクシカの糞からしか芽を出せない、などなど島の人たちから屋久島の動植物の生態を聞きながら、この森ではまるで極楽のようにお互いが補完しあい、無価値な存在なんてないのだと思った。

その完璧な屋久島の秩序をぶっ壊しているのは人間だった。

その昔、天下統一を成し遂げた豊臣秀吉が奈良の大仏より大きな大仏殿を京都に造るため全国の大名に木材調達を命じた。そこで薩摩藩の島津家が狙ったのが屋久杉だった。薩摩杉として屋久島の杉をしこたま伐採したという。一七世紀に入ると薩摩藩による杉の伐採が本格化し、幕末までに五～七割の屋久杉が伐採されたと推定されている。

明治時代になると屋久島の森林のほとんどが国有林となり、戦時中は軍用材として伐《き》られていった。戦争が終わっても今度は戦後の復興と高度経済成長を背景に木材不足が社会問題になるほど需要が高まり、屋久杉は伐られつづけた。

そしてチェンソーが導入されるや、江戸時代から四百年かけて伐られた屋久杉と同じ量が、たった二十年ほどで伐り倒されてしまったという。

わずかに残った杉の量は、なんと最盛期の一割程度だったそうだ。

つまり五十年ほど前まで屋久島は、かなりの地域がハゲ山だったのだ。

〈苔むす森〉のある白谷雲水峡《しらたにうんすいきょう》からさらに森を進んだ太鼓岩からは、屋久島最高峰の宮之《みやの》浦岳《うらだけ》（一九三六メートル）が見える。この太鼓岩と宮之浦岳の間には鬱蒼とした森が広がっているが、この森はすべての杉が伐り倒された後に植林によって復活した森だった。

手つかずの原生林だと思っていた森がすべて植林なのかと絶句した。

それでも目の前に豊かな自然が広がっているのは、年間一万ミリという大量の雨のおかげだ。


この島の生態系を支えているのは雨なのだ。

森に降った雨は、山から川を通って海へ注がれ、蒸発して雲となり、再び山に降り注ぐ。この絶え間ない雨の循環が多種多様な生物に恵みをもたらしている。

人間には想像もつかない時間をかけて、あの森は循環していた。

しかし自然が元に戻ることはない。

山と海とを結ぶ川は、人間が合成洗剤を使い始めた頃から目に見えて汚れ始めたと島民の一人が教えてくれた。

ある年は気候変動の影響なのか、毎年くるはずの台風がこなかったために海水温が下がらず、海のサンゴが白化し死滅してしまったこともあったそうだ。

屋久島は、台風すらも含めた自然現象と森や山や川や海や、そこに生きるあらゆる動植物たちすべてが関わり合うことで成り立っている。

その共生の環の中に人間は入っていないだろう。これまでの悪行を照らせば、立ち入り禁止だ。

多様性やサスティナブルという言葉に聞き耳を立てるだけなら、雨の中であの森を旅した方がよほど多くを学べる。

以来、僕は雨を毛嫌いすることをやめた。

峠の向こう

東屋で雨の弱まるタイミングを待ち、隙をついて下り坂を町まで一気に駆け下りた。

時刻は午前七時半過ぎ。中土佐町《なかとさちょう》の市街から短いトンネルを抜けるとまた木々に囲まれた道となった。いよいよここから長い登り坂がつづく。

雨は止まず、少し弱まっては土砂降りを繰り返した。

ほどなく七子峠まで約六キロの案内板があらわれた。

あと六キロ。

フラットな道なら二十分もあれば走れるが、登りはじめてからここまでの一キロ半を二十分以上かかっていた。

ようやく七子峠まで約五キロの案内板が見えてきた。

結構走ったつもりだったが、まだ五キロもある。もう眼下には海はなく、鬱蒼とした森に立ち込める白い霧だけ。

クネクネと九十九折《つづら》りのような長い登り坂が延々つづく。昨日の宿のオーナーさんが言っていた道はこのことか。確かに長い。ただ傾斜はそこまでキツくない。なんとか立ち漕ぎのままで走れるレベルだ。

それでも立ち漕ぎに限界がくると車体がふらつき足をついてしまう。そこからの走り出しが、さらにキツい。もう一度立ち漕ぎでスピードに乗れることもあれば、スピードが足りず二、三メートルでまたふらついてしまうこともある。そうなると自転車を押しながら筋肉の回復を待ち、ボブスレーのように全速力で助走をつけて自転車に飛び乗って、なんとか走り出す。そんなことを何度も繰り返す。

やがて、あと何キロ、あと何分、といった先のことを一切考えなくなる。ひと漕ぎひと漕ぎ、足を動かしつづける。一メートルでもいいから距離を積み重ねていく。

雨は相変わらず降りつづき、体は冷え切っていた。

ただ絶望はしていなかった。

それどころか、七子峠、恐るるに足らず、という確信的な思いが芽生えていた。

台湾一周を自転車で走ったときの最南端から台東のある東海岸へ抜ける峠はこんなものではなかった。

軽自動車じゃ登れないだろというくらい急な坂が途方もなくつづいた。いまと同じように雨も土砂降りだった。自転車を押して、どれほど歩いたことか。「環島なんてやらなきゃよかった」と何度も後悔した。

あの経験が、僕の自転車旅における峠越えの〈キツい〉の上限になっていた。

七子峠も確かにキツい。けれど、まだ上限には達していない。あの台湾の峠を越えられたのだから七子峠も絶対に越えられる。そう確信していた。

人間は年齢とともに体力が衰える。その衰えを補うのが経験だ。体で得た経験知は、人間の本来持つ能力を拡張させる。これまで使うことのなかった能力を引き出してくれる。

台湾の経験によって、僕の峠越えの〈キツい〉に対するメンタルの耐性は拡張され、筋肉が諦めることを拒否し、まだまだできると潜在能力を引き出して足を動かしつづけていた。

長い登り坂を走りはじめて二時間弱。真っ白い空にようやく横書きの〈七子峠〉の文字があらわれた。

最初に頭に浮かんだのは、東かがわで心配してくれたロン毛の自転車屋さんの顔だった。あのときはとても今の状況を想像できなかった。

「びしょ濡れですけど、なんとか登り切れましたよ」そう心の中で報告した。

七子峠からは、ゆるやかな下りがつづいた。

ペダルをほとんど漕ぐことなく、十キロを三十分程度で走り切った。キツい登りの後はご褒美のような快適な下りがあるのもツーリングの醍醐味だ。

ただリアのブレーキの効きが相当悪くなっている。装着しているのは後輩がカスタムしたアメリカ製のPAUL《ポール》のVブレーキ。高い制動力を誇るが、タイヤを挟むブレーキシューとタイヤ側のリムの間に雨が入り込み、勢いよく滑ってしまっているようだった。ブレーキシューがかなり削られていた。

峠を越えて、コンビニでお決まりのおにぎりとサラダチキンをパクついているとまたスコールのような土砂降りの雨が降り出した。ゴロゴロと雷も聞こえる。

まだ朝の十時過ぎ。七子峠にばかり気を取られていたが、四万十町までやってきていた。この先の大きな町となると、あと四十キロくらい先の四万十市となる。

行くか。

どうせ待っていても雨が止むわけじゃないしと開き直って、国道五六号を再び走りだした。

道の駅を過ぎ、川を渡る。

雨がどんどん強くなる。

やや登りになっているようで、前から雨水が川のように流れてくる。そのなかを逆流するように走る。

雨はますます激しくなる。このまま進むのはマズイんじゃないか。ひとまず一番近い町に行った方がいいだろうか。

決断できないまま県道とのわかれ道まできた。

もはや雨は爆撃のよう。道路を流れる水量が増える。

あたりがビカビカッと光り、間をおかずにバリバリバリと雷が轟く。かなり近くに落ちた。連発。腿を叩く雨が小石のように痛い。

戻ろう。さっき通り過ぎた道の駅なら雨宿りするスペースくらいあるだろう。

僕は雷に弾かれるように来た道を戻ることにした。

道の駅からは道路の向こうに宿泊施設が見えた。もうそこに泊まるしかないかとスマホで料金を調べるもチェックインは午後でいまだと二泊分取られてしまう。それは癪だ。どうしたものかと考えながら、ネットの雨雲レーダーを見ると三十分後の十一時頃に雨が止むという。

この雨が止むのか。

目の前は五メートル先さえ霞むほどの土砂降り。とても想像できないが、レーダーはそれらしく雨雲の動きを予測している。ひとまず、びしょ濡れの体を拭いて、あたらしいTシャツに着替え、雨宿りして待つことにした。

予測の十一時に近づくにつれ確かに小降りになり、遠くの空が心なしか明るく見えてきた。そして十一時になると、さほどの誤差なく雨が止んだ。気象庁の雨雲レーダーがこれほどの精度を誇っているとは驚いた。

このチャンスを逃す手はない。

僕は再び国道五六号へ飛び出した。

大雨の間隙をついて道の駅を飛び出してからは、雨雲レーダーの予測通りだった。雨は降っても小雨程度。土砂降りになることはなく、長い下りの山道を無事走り抜けた。

十二時過ぎ、道の駅から二十五キロくらい走り、久しぶりに海に出た。山は土砂降りだったが、海側はあまり降らなかったのか、道路も濡れていなかった。

四万十市まで二十一キロの標識。海沿いの道はフラットで、この分ならなんとか行けそうだ。

海のすぐ近くには、小さな集落が点在していた。標識に津波の文字を見かけるたび、この集落は大丈夫なのだろうかと思ってしまう。

どこかで自然災害が起こるたび被害に遭う人たちがいる。そのなかにはハザードマップで危険とされるエリアに住んでいる人もいる。子どもの頃は、危ないとわかっているなら住まなきゃいいのにと思っていた。

だが、そんな単純に割り切れる話ばかりではない。

父は病院で死んだ。昼食の後に容態が急変し、いろいろな管に繋がったまま死んだ。退院直前だった。死因は誤嚥性肺炎。それまでの長い闘病からすれば、どうでもいい死因だった。豆腐の角に頭をぶつけたでも、うどんで首吊ったでもいいと思った。

母は自宅で死んだ。水も何も喉を通らなくなってからも点滴をせず、最期は枯れるように逝った。お医者さんから、それが一番体に楽だと言われた。

どちらも最期のときは意識などなかっただろうが、どうせなら母のように自分の好きなところで死にたい。

人間は必ず死ぬ。それどころか、僕は数年前に幼馴染を事故で突然失ったし、兄はオフィスに旅客機が突っ込んできたのだ。人間、いつ死ぬかわからない。生きていく場所を決めることは、死ぬ場所を決めることでもあるのだ。と、自転車を漕いでいると思考の海に深く入り込みすぎて、周りが見えなくなるときがある。住所もよくわからない高知の道の上で死ぬなんて、思い入れがなさすぎて嫌だ。事故をおこさぬよう運転に集中した。

海沿いの国道五六号を十キロくらい走り、ランチののぼりが旗めく黒潮町《くろしおちょう》の道の駅に寄ることにした。

道の駅の食堂はラーメン推しのよう。

これが最後の晩餐になる可能性もゼロではないと考えると、選択は慎重にしなければならない。食堂の推しよりも、せっかくなら地元産のしらす丼に惹かれる。七百五十円とお手頃だ。

財布から千円札を取り出すとびしょびしょでヨレヨレ。これでは自動券売機に入らないので店員さんに事情を話して、両替してもらった。ここまで雨にずぶ濡れになるのは想定外で準備が甘かった。

しらす丼をいただき、食堂の横に併設された情報館をのぞくと、大きなミンククジラの骨格標本が天井から吊り下がっていた。このあたりはホエールウォッチングが盛んで、シーズンの〈鯨類遭遇率約八十%〉をうたっている。すごい確率だ。

そんな黒潮町は内閣府が公表した南海トラフ巨大地震の被害想定で〈日本で最も高い津波が来る町〉とされた。その最大津波高は三十四・四メートル。ビルなら十階にもなる。東日本大震災の大津波をはるかに超える高さだ。

東北の惨状から考えれば途方に暮れてしまいそうになる。

それでも町は〈犠牲者ゼロ〉を目標に掲げて、強固な防災、避難の整備を進めた。具体的には、国内最大級を含めた六基の避難タワーを備え、避難道路約二百三十本、避難場所約百五十ヶ所を整備。浸水区域にあった公共施設、保育園や消防署、役場は高台へ移転し、住民一人一人がどう避難すればいいかの個別の避難カルテを作成して訓練を重ねているという。

地震や津波はいつ襲ってくるかわからない。そのときは今日かもしれないのだから、防災は最優先だ。そう思いつつも、岩手県で出会ったある人の言葉が頭をよぎり、薄暗い気持ちになってしまう。

東日本大震災から十年がたった年、僕はボランティアで訪れた地を再訪しようと思い立ち、岩手県の宮古市から宮城県を通り、福島県の浪江町までの海岸線四百キロを自転車で旅した。

海岸線には何百億という予算を投じて、十メートルを超えるような巨大な防潮堤が何キロにもわたって建てられていた。

海の真横を走っているのに海が見えない。波の音が聞こえるのに海が見えない。それは異様な光景であり、異常とさえ思えた。海が見えなければ、海の様子もわからない。海と生きてきた人たちにとっては、むしろ恐怖なのではないかと。

被災地の多くの地域は、猛スピードで高齢化が進んでいる。人もどんどん減っている。いずれ誰もいなくなってしまうかもしれない。

岩手県の市町村で最も多くの犠牲者を出した陸前高田市で長年漁師をしている男性が僕

に語った。

「あんな莫大な資金をかけるなら、人が住みつき、未来に希望をもてる町づくりに使うべきなんだよ。人がいなけりゃ意味ないんだから」

人のいない寂れた町や村に、巨大な防潮堤だけがそびえ立っている。ゾッとするような光景だ。

過疎化という意味では、四国も東北と状況は同じだろう。

災害大国の日本において防災は最優先であることは間違いないけれど、過疎化もまた自然災害と同じくらい町の存在意義を消し去る恐ろしいものだ。

これからも少子高齢化は止まらず、地方の過疎化は進んでいく。過疎化を止める効果的な手段は誰も見つけられないほどの難題だ。

でも、日本各地を旅する人がもっともっと増えたら。

雨の上がった高知の海を眺めながら、そんなことを思った。


午後二時過ぎに、四万十市に着いた。

なんとか七子峠を越えたのに雷が轟き出したときはどうなるかと思ったが、海に出てからは雨にも降られず快適に走ることができた。

高知県は走ってきた二百キロほどの海沿いしか知らないが、この町は県庁所在地の高知市の次くらいに盛えているように見えた。調べると、人口は高知市とその隣の南国市に次いで県内三位。日本最後の清流・四万十川を抱く町として、のどかな美しい田園地帯を想像していたから、国際会議を開けそうな大きなホテルがいくつもあって驚いた。ただ四万十川の雄大さはイメージ通りで、水質はまったく違うだろうが東京で言えば荒川のような迫力。河川敷に野球場があったりして雰囲気も似ている。川をまたぐ赤い鉄橋を走るとかなり長かった。

黒潮町の道の駅で休憩中にスマホで見つけた宿は繁華街にあるビジネスホテルで、この界隈で最もリーズナブルだった。工事作業者などの長期滞在者向けのつくりで、洗濯機や乾燥機があるのも助かる。

フロントでは人の良さそうな旦那さんが雨の中のライドをいたく心配してくださって恐縮した。

「台風、きてますよね？　明日も一日雨ですかねえ」

「そうですね。ただ朝のうちはまだマシかもしれないですよ」

台風は沖縄に上陸したが思ったより動きが遅かった。その分広範囲に大雨を降らしつづけていた。今日のように雨の止み間があればいいのだが。

旦那さんと話していたら、奥様もフロントに出てきた。

「四万十の町がすごく大きくてびっくりしました。お店もたくさんあって」

「そお？　ま、お店は多いですね」

「やっぱり鮎とか川魚ですか？　せっかくなら食べたいなと思って」

グルメマンガの受け売り程度しか食の知識がなく、四万十川といえば鮎だった。

「川魚もありますけど、こっちでも高いですからね。かつおは食べました？」

「あ、はい。昨日、高知のなんとかって市場で」

「ひろめでしょ。全然違いますからここのは。もう別物ですよ。発祥なんですよ、かつおの塩たたき」

四万十が発祥とは、川のイメージばかりで、カツオ漁のイメージがなく意外だった。

奥様の語気の強さに、これは食べた方がいいだろうと詳細をうかがうと、奥様の同級生がやっているお店だという。安くはないがハーフサイズもあるからお一人様でも大丈夫よと背中を押された。

宿から歩いて数分。ちょっとした料亭のような小綺麗な雰囲気にたじろぐ。泊まっている宿とのギャップに、一泊分以上の食事代を覚悟して、真白な暖簾をくぐった。

店内は広く、厨房のまわりにカウンターがあり、座敷やテーブル席もそなえていた。開店直後でまだ他に客はほとんどなく、カウンター席に案内された。

「お手数ですけど……」

上品な女将さんが持ってきた用紙に、住所、氏名、連絡先を書く。パンデミック対策とのことだが、実際に個人情報を書いたのははじめて。なんて真面目なお店なのだ。

そして、この店のかつおの塩たたきは確かに別物だった。

塩たたきの発祥というが、どこも真似ができないのではないかと思うほど昨日食べたものとは似て非なる食べ物だった。共通していたのは、〈カツオが七切れ〉というだけ。厨房で炙ったばかりなのか、切り身はほんのりと温かく、一切れ一切れがステーキのように分厚い。そこへ大量の玉ねぎとスライスしたニンニクにネギなどの薬味がぶっかかっている。塩ダレにはかすかに梅っぽい酸味も感じる。僕は酸味が大好きなので、つまりめちゃくちゃ好みの味だった。

女将さんからは「お一人ならハーフもありますよ」と勧められたものの、せっかくならとお願いした一人前をペロリと平らげることができた。

さらに、まぐろのぶしゅかんのたたきも絶品だった。

ぶしゅかんとは酢みかんの王様と言われているようで、すっきりとしたキレのよい酸味が特徴の禁断の果実だという。

その他、名前が気になったチャンバラ貝の煮物、川海老の唐揚げなど、食べたことのない味ばかりで一泊半くらいの料金にも大満足だった。

カウンターでぶしゅかんのサワー片手に余韻にひたっていたら、背後のテーブル席に若者がドヤドヤと入ってきた。聞き耳を立てていると、どうやらこの後女性陣を迎えてコンパをするようだ。開始三十分前に集合し、みんなで生ビールを呑み始めるもどこか初々しい緊張感が漂っていて微笑ましい。ワクワクがこちらにも伝わってきて、名前も素性も何も知らない他人でも眺めているだけで平和な気分になる。

パンデミックで酒場は犯罪の温床のように扱われ、酒呑みは随分と肩身の狭い思いをした。でも、こんなに楽しそうにしている人たちを見ると、酒場もそうそう悪いばかりの場所ではないとあらためて感じる。

最初は敷居が高そうに見えてビビっていたが、いいお店を紹介してもらえた。女将さんと同級生の宿に泊まらなかったら、訪れていなかっただろう。そうなれば僕はかつおの塩たたきの発祥も酢みかんの王様であるぶしゅかんも知らずに死んでいた。

嵐の峠もなんとか乗り越えられたし、大雨はアンラッキーだが、旅としてはツイている。だからきっとこの先いいことが待っている。そう信じて寝た。

一級河川
四万十川
SHIMANTO GAWA
国土交通省

土佐市
Tosa City

安全運転で
マナーアッ
七子峠

6

四万十——足摺——宿毛

ジョンマン

タイヤがパンクする夢で目が覚めた。午前三時。迫る台風に精神が追いつめられているのか、嫌な予感だ。リアブレーキの効きも相当悪くなっている。数えられないくらい立ち漕ぎを繰り返しているし、雨の中かなりの時間走っているから、いろいろとガタがきているかもしれない。

台風はいよいよ九州に最接近し、西日本の広い範囲で大雨となっていた。

雨で怖いのが土砂崩れだ。山道で土砂が崩れれば足止めは免れられないし、巻き込まれたら命を落とす危険さえある。立ち漕ぎで土砂から逃げられるとはとても思えない。

天気予報をにらむと昨日宿の旦那さんが言っていた通り、午前中はまだ多少は雨もマシなようだ。

四万十市から西へ山道を突っ切れば、距離的には午前中のうちに愛媛の宇和島《うわじま》くらいまで行ける。そうすれば瀬戸内の方は不思議と大雨にはならない予報だから、うまく台風の影響下から逃げられるかもしれない。足止めを食らわずに走れるのは魅力的だ。だが、このプランだと四国最南端の足摺岬《あしずりみさき》をパスすることになる。

せっかくなら最南端に行きたい。

またびしょ濡れになるだろう。眺望も期待できない。それでも〈最南端に行った〉という事実がほしい。日本地図を見るたびに、あーここ行ったなーというわかりやすい思い出の目印がほしい。

やはり、せっかくなら行きたい。

せっかくなら食べたい。せっかくなら見たい。せっかくならやりたい。せっかくならを集めるのが旅なのだ。

目指すは最南端の足摺岬。三十分で準備して宿を出た。


暗闇の中、赤い鉄橋だけが鈍く輝いている。

真っ黒い四万十川をわたり、川沿いを走る。日の出まではまだ一時間くらいある。すれ違う車もほとんどいない。電灯が小雨に濡れた路面をうっすらと照らすだけ。電灯が途切れると頼りは自転車のライトだけとなる。こんな暗闇を走るつもりはなかったから街乗り用のライトでパワーが足りない。数メートル先も心許ない。川はおろか、土手との境目もわからないほど暗い。スピードが出てくると暗闇に飛び込んでいくようで、もし前方から無灯火のトラックが来たら確実に死ぬ。これほど闇が怖いと感じたのは生まれてはじめてかもしれない。それほど怖い。

ドキドキしながら走っていると不意に暗闇にポッと自販機があらわれホッとする。いつもは視界にも入らない存在が、今は唯一の味方に思える。二十四時間煌々と輝く自販機がいたるところにある国に生まれてよかった。

急な登り坂を立ち漕ぎで乗り越えて土佐清水《とさしみず》市に入り、コンビニでおにぎりとチキンバーを食べているとようやく空がうっすら白くなってきた。

五時頃には日が昇ったようで、空には真っ白い曇が広がっていた。

国道三二一号を走る。足摺岬まで二十五キロの看板。雨が少しずつ強くなる。

サーファーたちが白く濁った海へ向かっていく。雨でもお構いなしだ。うらやましい。

晴れていればコバルトブルーの海と真っ白なロングビーチを拝めただろうか。

ブルーラインに〈四国一周　足摺岬　10㎞〉のサイン。あと少しだが、ここから岬の断崖までは長い登り坂がつづく。ときおり雨が激しく降る。岬に近づいたのか。少しずつ道が狭くなり、両サイドの木々がトンネルのように頭上をおおう。雨を防いでくれるのは助かる。足摺岬まであと五百メートルの看板。もうすぐだ。いつの間にか土の壁が両サイドに盛り上がっている。

そして土と木のトンネルを抜けると視界が開け、赤い花のイラストのついた足摺岬の看板があらわれた。

四万十市の宿を出発してから四十五キロを三時間。朝の六時半に四国最南端・足摺岬に着いた。土砂降りだった。

まだ閉まっている観光案内所に自転車を停めて、隣のトイレで用を足す。広場には太平洋をのぞむ地元の偉人ジョン万次郎の銅像が立っていた。

ジョン万次郎こと中浜万次郎は今から二百年ほど前の一八二七年の元旦、足摺岬のある高知県土佐清水市の貧しい漁師の次男として生まれた。中浜万次郎の中浜とは故郷の地名だ。

九歳の時に父を亡くし、十四歳の時に漁で遭難。四人の仲間たちと数日間漂流し、東京の八丈島と小笠原の間にある小さな無人島・鳥島《とりしま》に漂着した。

過酷な無人島生活を凌ぎ、百四十三日後にアメリカの捕鯨船ジョン・ハウラウンド号に救助される。ジョン万次郎のジョンは、この船の名を取ったものだ。

四人の仲間たちはハワイで下船したが、万次郎はそのまま単身アメリカ本土へと渡る。船長に気に入られていたようだが、本人たっての希望もあったという。

アメリカで船長の養子となり、学業に励み首席で卒業。その後、捕鯨船に乗り、数年の航海をくぐり抜け、ゴールドラッシュに沸くカリフォルニアの金鉱で金を貯め、漂流から十年の時を経て、日本へ帰国。その稀有な人生経験は、坂本龍馬をはじめ多くの幕末の志士に影響を与えたという。

こんな凄まじい人生を送っていたなんて、知らなかった。ジョン万次郎というどこか芸人じみたネーミングに勝手に牧歌的なイメージを抱いていた。

あの頃の日本は鎖国中だ。海の向こうは未知なる世界。興味や憧れが膨らんだことだろう。でも、だからといって、五ヶ月も無人島生活をした後に、仲間たちと別れて一人アメリカに渡るなんてどれほどの勇気と好奇心なのだ。

もし現代にジョン万次郎さんがいたら、どんな旅をしただろうか。


少し前、十数年ぶりにネパールを旅した。

ツーリストの集まるネパール第二の都市ポカラのレイクサイドには、当時の記憶がまったくよみがえらないほど洒落たお店が建ち並んでいた。

メガネをかけた実直そうなネパール人の男性が出迎えてくれた。

僕と同い年の彼は、脚が不自由で車イスに乗っていた。生後十八ヶ月で患ったポリオが原因だった。未舗装路の多いネパールでは移動は難儀するように思えたが、何と彼はバイクを運転した。

インド製のそのバイクには後部に大きな補助輪がついていて、三輪バギーのような安定感があるので脚を地面につく必要がないのだ。二十年前に治療のために訪れた首都のカトマンズで補助輪付きバイクに乗る同じ車イスユーザーを見かけて、ポカラで作ったという。

たたんだ車イスを足元に置いてバイクを運転する彼の後ろに乗せてもらい町を駆け抜け

るのは、不思議な気分だった。

一人だったら、大量の文房具を手に入れるのにも時間がかかっただろうし、ローカルしか訪れない町外れの人気の食堂にも行けなかっただろう。僕は二本の脚でどこへでも歩いて行けるのに、車イスユーザーの彼に完全に頼り切り、すべてを委ねていた。

その彼と同じく車イスの仲間たちと一緒に、車をチャーターして、ポカラから北を目指した。

車イスを荷台に積み込み、山道をガツンガツンと登る。天井に頭を打ちつけるたび、みんなでケラケラ笑いながら、道なき道を走った。

やがて景色は一変し、水彩画のような山々が眼前に広がった。と思っていたら、車が左折した途端、山間に小さな学校があらわれた。

この学校へ日本で役目を終えたランドセルを届けるために、僕は十数年ぶりにネパールへやってきたのだ。

東日本大震災では、ランドセルを失った子どもたちのニュースが流れるや、全国からたくさんのランドセルが被災地に届けられたという。

その数年後に別の地域で大きな地震が起きたとき、被災した小学校にたくさんのランドセルが送られてきたそうだ。

ただ地震災害は津波の被害と異なり、ランドセルを失った子どもたちは被害の大きさほど多くはなかったという。とはいえ届いた善意を送り返すこともできない。たくさんのランドセルが行き場を失った。

困った学校の先生たちがいろいろな人たちに相談を持ちかけ、そのうちの何個かをネパールの子どもたちに届けるツテができた。ただ運んでくれる人がいなかった。

日本からランドセルを届ける活動は、旅費や宿泊費は提供されるものの無報酬の完全ボランティア。でも、考えようによっては、食費程度だけでネパールを旅することができる。

「ぜひ行かせてほしい」と僕は手を挙げた。

仰々しい式典で主賓のような扱いを受けながら僕がランドセルを手渡した子どもたちは、少し前にネパールを襲った大地震で家を失くしたり、カースト差別を受けていたりといった厳しい境遇にあってもこれまで支援を受けたことのない子たちだという。

みんなの前でそう認定されてしまうのはつらいようにも思えたが、男の子はズボンのチャックが壊れて全開の子ばかりの学校では、境遇に大差はないのかもしれない。

もちろん先生の恣意的な選抜の可能性もある。そこはもう委ねるしかない。公平じゃない。でもこの学校のみんなにランドセルが行き届いたからといって、隣村の子はどうなるだろう。そもそも学校に通えない子だっている。

公平なんて無理なのだ。

それならやらない方がいいだろうか。

〈all or noting〉では何もできやしない。考えすぎれば、身動きが取れなくなる。ならば、「世界を変える」とか「貧困をなくす」といった高い志がなくとも、たとえ善意の押し売りだと批判されても、だからどうしたと開き直ってやる方が何もしないよりよほどいい。

小学校までの道のりは大変だったけれど、楽しかった。それはランドセルがあってもなくても同じだ。たとえ手ぶらでも、「山の学校に行ってみない?」と誘われれば、「面白そうだね」と僕はオンボロ車の荷台に乗り込んだだろう。

その上で持ってきたランドセルを喜んでくれる子たちがいるのなら、もうそれ以上求めるものは何もないと思うのだ。

しかし、日本人旅行者たちはどこへ行ったのだろう。以前ならポカラのダムサイドやレイクサイドにあふれるほどいた日本人旅行者をこの旅で見かけることはなかった。

帰りに寄り道したサファリツアーが人気のチトワン国立公園でも皆無。ツアー客の半数くらいを中国人ツーリストが占めていた。だから土産物屋のネパール人たちも、日本語を忘れ、中国語を覚えだしていた。かろうじて日本語を覚えていた古株の土産物屋のオヤジさんも「日本人、どこ行った？　全然いないよ」と不思議がっていた。ようやくカトマンズの旅行者が集まるタメル地区に帰ってきて、日本人かな？　という人を数人見かける程度だった。

変貌した町並みやバイクを運転する車イスユーザーや山奥の小学校よりも日本人旅行者にほとんど出会わなかったことが、十数年ぶりにネパールを旅して、一番驚いたことだった。

旅は億劫だ。計画しているときはワクワクするけど、準備がはじまると憂鬱になる。面倒だし、不安だし。前日なんて特にそうだ。今日と同じ明日を送る方がよほど楽だ。でも重い腰をあげて、旅に出れば何かが起こる。日常では味わえない出会いがある。その中には人生にドライブがかかるような稀有な経験だってきっとある。

失われた三十年とか、ジェンダーギャップ指数とか、世界からどんどん取り残されそうになっている日本にいま必要なのは、異次元の勇気と好奇心を持つジョン万次郎さんのような精神なのかもしれない。


万次郎さんの銅像を背に、四国最南端の展望台に立つ。

視界二百七十度ぜんぶ海。ずっと太平洋。島一つ見えない。その視線の先にある水平線の雲のすき間からは微かな光が漏れていた。

あの光の向こうはオセアニアだ。人間の六倍も羊がいるニュージーランドはどんなところなのだろう。自転車で走ってみようか。

そんな次の旅のアイデアを夢想しながら銅像の足元にある足摺岬・四国最南端と書かれた看板の前に自転車を立てかけて写真を撮っていると、二人組の小さなおばさまがやってきた。

交互に写真を撮ろうとしているので、さすがに「撮りましょうか?」と声をかけた。撮り終えると「ほら、ね、あなたも」と僕の写真も撮ってくれた。一人で旅していると自分の写っている写真がないので記念になってうれしい。

「自転車で走っているの? すごいわね」

「いやー雨が大変で。でも今日の朝はあまり降らないみたいなんで」

「そうそう。だから私たちも朝きたの。あまり降らなくてよかったわね」

みんな考えることは一緒だ。と、また雨が降り出した。

「頑張ってね!」

「気をつけてね!」

走りだすと雨はすぐに土砂降りとなった。

空腹を感じたが、岬のまわりはポツポツとホテルや旅館がある程度で、コンビニも見当たらない。

土佐清水の市街まで走ってきても八時前ではどこも営業前。

ようやくニワトリのイラストがでかでかと描かれた店になんとなく明かりが見えた。営業している確信はなかったが、ひとまず雨宿りさせてもらうことにした。

軒下に自転車を停める。手袋もレインウェアも絞れるほどびしょびしょ。Tシャツまでぐっしょりだ。まいった。

大きなカゴを持ったお婆さんが店から出てきたので「やってますか？」と聞いてみた。「やってるんじゃない」というお婆さんのカゴは空っぽ。ガラス張りのドアから店内をのぞくと野菜の直売所のようで、このお婆さんは作った野菜を置きにきたようだった。

そろりと店内に入るとちょうど奥から店員らしきエプロン姿の若い女性が出てきたところだった。

「もうやってますか？」と訊ねると「あ、どうぞ」と控えめな笑顔で迎えてくれた。

店内は魚も扱っているようだが、朝早すぎるのか魚が並びそうな銀の棚はまだ空。青いカゴに野菜が少し並んでいる。そのほか惣菜やパンなどもあり、賞味期限直前の品々が激安で売られていた。

さっそく菓子パン四つの詰め合わせ百十円と焼きそば二百円を購入した。

外はさらに雨が激しくなっている。

「あ、あのーなかで食べてもいいでしょうか?」

「あ、はい、どうぞ」

店員の若い女性は笑顔で折りたたみイスまで持ってきてくださった。

積まれた空き箱をテーブルにして、あっという間に平らげた。お腹を満たした後は、レディの前で失礼とは思いつつ、Tシャツを大急ぎで着替えた。

外は大雨のまま弱まる気配もない。仕方なくレインウェアを羽織る。濡れたウェアが肌にへばりつく。

「イス、ありがとうございます。ここで、いいですか?」

「はい、あ、それもいいですよ」

イスと一緒に食べ終えた菓子パンの袋と焼きそばのパックも引き取ってくれた。

「あ、ありがとうございます」

深々頭を下げて、出口へ向かおうと背を向けた。

「いってらっしゃい!」

先ほどまでの素朴な声色からは想像できないほどはつらつとした大きな声。驚いて振り返ると店員さんの満面の笑顔。あやうく泣きそうになってしまった。こんな見えないパンチならいくらでも浴びたい。

僕の同行二人は弘法大師さまではなく、心やさしい四国の人たちだと思った。

急がば止まれ

足摺岬からは細かなアップダウンがつづいた。

雨は時折弱くなることもあるが止み間なく降りつづいた。

僕はもはや濡れることに何も感じなくなっていた。海から出てきたばかりのサーファーくらいびしょ濡れだった。

雨もキツい、坂もキツい。

ただ、それ以上に嫌な存在にイライラさせられていた。

蜘蛛だ。いつの間にか自転車に住みついていて、朝になるとハンドルのまわりが糸でぐるぐる巻きになっているのだ。糸を取っても取っても、走っている間にまたふらーっとまとわりついてくる。ヘルメットにも糸がふらー、ホイールにもふらー、リアのキャリアにもふらー、ほっぺたにもふらー、首筋にもふらー。糸は姿を見せるが、本体の蜘蛛は見当たらない。体も小さいだろうから、それこそ雨が降ろうと槍が降ろうと関係ない。無敵だ。見えない敵にフラストレーションがたまりつづけた。

十時半過ぎ、愛媛県との県境となる宿毛《すくも》市に着いた。この雨でペースは落ちると予想していたが、四万十市から百キロ超を七時間程度で走り、これまでとほとんど変わらなかった。

——大丈夫?

愛媛の先輩からメッセージが入る。高知の雨は外洋から直接雨雲がやってくるから、とりわけ激しいそうだ。先輩のいる愛媛の松山はさほど雨が降っていないという。

台風の動きはあいかわらず遅く九州上陸は明日になりそうだが、すでに各地の交通機関に影響が出ていた。

明日は今日以上に雨が降るだろう。僕は難しい判断を迫られていた。

今日はすでに百キロ以上走ったとはいえ、まだ午前中。明日の嵐の前にさらに先へと進んだ方がいいかもしれない。

この先の大きな町となる宇和島までは、あと六十キロ超。順調なら夕方前には着ける。ただあくまでも順調ならだ。すでに台風が迫ってきている時点で非常事態。雨は時間とともに激しくなる。土砂災害までいかずとも倒木や土砂崩れで通行止めの可能性はあるだろう。何かが起きる前に駆け抜けられればいいが、間に合わなければそこで足止め。ならば今日この宿毛の町に泊まった方がいいのか。

ただ今日動けないなら、明日はもっと動けないだろう。雨はさらに強くなるわけで、台風の動きの遅さを考えると明日もう一日宿毛で足止めになる可能性は高い。

となると、やはり今日さらに走るべきか。

だが雨は強くなるばかりで、この先無事走り切れる保証はない。下手したら旅どころか人生だって終わりかねない。ここは無理をしない方がいい気がする。

逡巡の末、僕は宿毛に泊まることにした。

あいにく休業中の宿ばかりだったが、最近リニューアルしたホテルが割と安い料金で営業していた。

幸い部屋も空いていたが今から部屋に入るなら二泊分の料金がかかる、とフロントのおばさまがすまなそうに言った。

「あ、そうですよね。すみません、ちょっと、考えます」

わずか三、四時間のために一泊分の追加料金を払うことの妥当性に、土砂降りのなか百キロ超走ってきたばかりの脳みその処理が追いつかず、僕はうろたえながらチェックインを保留した。

癪だ。癪すぎる。どうせびしょ濡れだし、追加料金を支払うくらいなら、その分もう少し進んだ方がよほどいい。

感情が頭を支配しだして、この町に泊まると決心したばかりなのに、また悩み始めてしまった。

何度か深呼吸する。

イラっとしたのは単に自分が金をケチって悔しいだけで、ホテルの対応には一ミリも理不尽さはない。そもそも宿毛でも休業中の宿ばかりなのに、この先の小さな町に営業中の宿があるかはわからない。いまは台風が迫る非常事態なのだ。災害に巻き込まれるのはまさか自分がと油断したときだ。急がば回れ。いやむしろ立ち止まるくらいがちょうどいい。休業中の宿ばかりの中、リーズナブルな料金で泊めてくれる宿があるだけラッキーだと思い直した。

「あの、すみません。追加の料金払いますんで、チェックインでお願いします」

フロントのおばさまは、料金そのままにリニューアルしたばかりの最新式の部屋にグレードアップしてくれた。

雨はその後も降りつづき、やがて愛媛の宇和島で土砂災害を警戒した避難がはじまった。たった三時間のためにそんな金払えるか！　とホテルを飛び出し、ヤケになって走りつづけていたら、土砂に巻き込まれていたかもしれない。危なかった。

思い通りにいかないからと感情に任せて行動すれば、必ず後悔する。人生の真理だ。

たまに街中で店員さんに怒り狂っている人を見かけるが、後味は悪かろう。

一度など日本が誇るスーパーファストフード吉牛で「いつまで待たせんだ！」とブチ切れている中年男性に遭遇したことがある。しまいには「もういい！」と待ちきれずに出ていってしまい、他の客とともに思わず吹き出してしまった。おそらく吉牛の提供スピードは世界一だ。吉牛を待てなければ、もはや平静で食事できるところは地球上にほぼ存在しない。あの中年男性は、さぞ生きにくい人生を歩んでいることだろう。

「怒ってなんになる。お前には知恵が足りない」

チベット仏教の高名なお坊さんから、そう言われたことがある。

「苦しみをいかに喜びや幸せに変えていくかが人生なんだよ」というありがたいお言葉もいただいた。

僕はその言葉にすがるようにヒマラヤの麓にあるインド北部のラダック地方を旅した。標高三千メートル超の厳しい自然のなかで暮らす人々と過ごし、凍りついた川の上を重い荷物を背負って何日も歩いた。物も少なく、自然環境に左右される日常のなかで、自分の怒りなんてなんの意味もなさないことを知った。それは過去に振り回されず、未来に期待し過ぎず、いま目の前に流れるときを大切に生きることだと悟った。そして足るを知ることこそが人生を豊かにすると学んだ。

その旅の顛末が僕の二冊目の本になった。宗教に興味はないが、お坊さんの言葉はいまでも僕の大切な人生訓になっている。

忘れられない屈辱はあるし、あいつを見返してやりたいという怒りがパワーになることもある。でも、これまでの人生で怒りに任せて行動した結果、いいことは一つもなかった。瞬間的に溜飲が下がることはあっても、後々散々後悔した。感情に任せた行動の先には、絶対にロクなことが待っていないのだ。


グレードアップしてもらった部屋で僕が寝ている間、雨は夜通し降りつづき、未明には高知県西部に線状降水帯が発生した。

気象庁は高知県内では初となる〈顕著な大雨に関する気象情報〉を発表。これまで走ってきた須崎市や四万十町では三時間雨量が観測史上最大を記録し、家屋浸水や土砂崩れが相次いだ。

7

宿毛

警戒レベル4

台風は九州に上陸すると温帯低気圧に変わった。とはいえ雨が弱まるわけではなく、未明に線状降水帯が発生した高知県西部は豪雨となった。

今朝までの三日間で、四万十町五百六十九ミリ、須崎市四百五十七ミリ、高知市三百五十八ミリという聞いたこともないような雨量を観測。特に四万十町では四十八時間で五百五十七ミリを観測し、たった二日間で平年の七月の一ヶ月分の雨量を超えた。

二日前にまさに走っていた中土佐町の国道五六号では、道路脇の斜面の土砂が崩れて全面通行止めとなった。徳島で知人から台風接近の情報を得てペースアップしておいてよかった。

ただこれから向かう先でも被害は出ていて、愛媛の宇和島は土砂災害警戒区域に〈警戒レベル4〉の避難指示が出た。

災害の警戒レベルは五段階あり、〈レベル5〉はすでに災害が発生・切迫している状況となる。その次に危険度の高い〈レベル4〉は、危険な場所から全員の避難を指示するもので、災害に巻き込まれないための最終段階に直面していることを意味する。

この先、雨雲は東へと流れていくだろう。雨は徐々に弱まっていくと予想されるが、土砂崩れは雨が止んでも危険はつづく。大量の水分を含んだ地面や壁がもろくなり、時間差で崩れることはよくある。

僕は気象庁が提供する土砂災害の危険度分布の情報サイト〈キキクル〉を凝視しながら、〈警戒レベル4〉を表す紫のエリアを回避できる道はないか考えていた。

ホテルのチェックアウトの時間が迫ってもキキクルでは〈警戒レベル4〉の紫エリアが広がるばかりで、予報では雨も夕方まで降りつづく。

ひとまず走り出したとしても宇和島の状況が改善されるとは思えない。土砂崩れに巻き込まれなかったとしても、道の選択肢自体が少ないから、うまく回避して進めるかも不確定だ。幸いホテルの居心地もいい。

僕は今日も一日、宿毛で休息することに決めた。

四国四県にはシコイチ挑戦者を応援してくれるさまざまな店舗や施設が〈おもてなしサ

ポーター〉として登録されている。ここのホテルもおもてなしサポーターの施設の一つで、ホテル内に自転車保管場所があり、メーター付きの空気入れやちょっとした工具などが用意されている。

大雨の今、屋内に自転車を保管できるのはかなりありがたい。空気入れも簡易的なタイプは携帯しているが、手動なので大変だ。さっそくホテルで借りて入れてみると予想以上に減っていて助かった。

昼になるとようやく雨が小降りになった。暇なのでホテルで傘を借りて、宿毛の町を散策することにした。

五分ほど歩くと右手に赤い暖簾の中華そば屋がみえた。車が何台も停まっている。良さそうだなと暖簾をくぐり、カウンター席で醬油ラーメンをいただいた。

細麺の好みの味。美味しい。これ、ひょっとして……と記憶をたどる。そうだ、京都の人気ラーメン店、第一旭に似ている気がする。

新卒で入社した新聞社で配属された名古屋に第一旭の支店があり、呑んだ後によく食べていた。当時の〆といえば、第一旭か、熊本ラーメンのもっこすか、カレーうどんの龍だったような。まだあるのだろうか。いい時代だった。楽しかった。四年で辞めてしまったけれど。

匂いや味の記憶は案外こびりついているものだ。

中華そば屋を出ても雨は小降りのままで、コンビニのアイス片手にコーヒーを飲みながらもう少し町の散策をつづけた。

東宿毛駅と宿毛市役所に挟まれたエリアが繁華街のようで大きなビルや居酒屋、レストランが目につく。廃屋もあるがスナックが多くてびっくりした。町で目にするのはお婆さんばかりだが、若い娘さんなんているのだろうか。

松山の先輩に宿毛警らの報告をするとすぐに返信がきた。

——地元のヤンキーばっかりだと思うよ

——田舎のヤンキーは意外に可愛いよ

夜はまた別の表情があるのだろう。三千円ポッキリくらいだぞと言うので興味も湧いたが、雨のなか歩いてホテルまで帰る鬱陶しさを考えてやめた。

宿毛市は調べると人口二万人ちょいの小さな町で、芸人の横山やすしや間寛平の出身地だそうだ。そしてもう一人。

暇つぶしに生存報告がてらSNSに宿毛まできたことを投稿すると「オレ宿毛出身です」と知人からコメントがあって驚いた。

新聞社から転職した小さな広告制作会社時代の同僚だった。

高知県出身とは聞いていたが、まさかたまたま足止めをくっているこの町で生まれ育ったとは。これも何かの縁なのか。

彼の名を見るだけでPTSDのように脳がこわばる。彼に恨みがあるわけではないし、きっと彼もあの会社ではつらい思い出の方が多いだろう。

思い出したくもないけれど、忘れることのできない黒歴史よりも黒い暗黒の時代。

こんな人生なら早く終わってほしいとあの頃の僕は毎日下を向いて生きていた。

暗黒の時代

新卒で新聞社に入社したものの早々に自分には営業の適性がないと決めつけた僕は、コピーライターになるべく半年間の講座に通い、卒業制作で一等賞を受賞した。

そして企業のキャンペーンに自作のキャッチコピーが採用され、自分の能力を過信した。

とはいえ実務は未経験。やっともぐり込めたのは、求人広告ばかり作っているわずか十五人のベンチャー企業だった。

最初の給料は、新聞社時代の三分の一だった。

愕然としたが、すぐにメジャーな賞でも獲って大手の広告会社に転職すればいいさ、くらいに考えていた。

しかし、まったく通用しなかった。

企画やコピーでまわりを「おお！」と唸らせるようなことは皆無だった。

また社員も少ないので、営業のような顧客対応からスケジュール管理、見積もりや請書などのお金関係、社外スタッフへの連絡に制作物の入稿まわりと業務領域が広く、来客へのお茶出しからペンやノリ一つ買うのまで、すべてやらなければならなかった。僕は制作分野で活躍できないことにくわえて、そういった営業的、事務的な仕事でもミスを連発した。

その会社には、カード提出という恐ろしい社内ルールがあった。軽いミスはイエローカード、入稿遅れなどの社外に迷惑をかける重いミスはレッドカードとして、原因と対策を社員全員に二十四時間以内にメールすることになっていた。レッドカードが貯まると社内を掃除したりといった奉仕活動をしなければならなかった。

ミス再発の対策が甘ければ先輩たちからメールで指摘が入り、再度対策をメールしなければならない。

さらに時間内に送れないときはもちろん、メールに誤字脱字があるだけで「ライター失格」とメールで叱責され、「先ほどのイエローカードに誤字がありました」とまた追加でイエローカードを提出しなければならなかった。

イエローが三枚貯まるとレッド一枚となり、借金をサラ金で返すようにカードが雪だるま式に貯まっていく。だんだん自分がそもそも何をミスしたのかよくわからなくなって、

「人間としてダメです」みたいなレッドカードを出したりした。その時点でかなり病んでいるが、それでも「抽象的すぎて意味不明」みたいなダメ出しをメールでくらう。そんなメールによる無言のやりとりが、狭い部屋に詰め込まれた十五人の中で交わされる。

元来、人の目が気になる性質だった僕は、常に監視されているような緊張感に発狂しそうだった。動きがどんどんぎこちなくなり、サイドブレーキを引いたまま、アクセルを踏みつづけるようなフラストレーションを抱えた状態で生きていた。

残業時間は毎月軽く二百時間を超えた。三百時間を超える月もあった。もちろん残業手当などなかった。

また、人間関係もキツかった。

表向きは全員が制作職なのだが、いい広告は売れるという前提なので評価は売上のみ。たとえまわりが唸るような広告を作っても売上が低ければ出世できず、上司が絶対的な権限を握る超ピラミッド構造だった。

古参社員が常に自信満々で上から目線の人間が多いのもカースト制のような強固なヒエ

ラルキーが社内に敷かれていたからだと思う。

「A新聞からきたっていうからどんな奴かと思ったけど、超使えねーな」

「なんで新聞社辞めたの？　もったいねーな、バカだろ」

「お前みたいな奴が入らないような採用広告をつくらなきゃな」

「もっと本気出してくださいよ（笑）」

そんな言葉が自意識過剰な僕の心をグサグサと突き刺した。

楽しいはずの夜の呑み会も会話の大半は、己の自慢か誰かの悪口。

「お前はどう思うんだ？」と話を振られても、どう答えるのが正解かわからない。仕事で成果をあげていないから生意気なこともいえない。せめてミスしないよう当たり障りのない発言をしては、

「は？　お前、ぜんぜんおもしろくねーな。貴乃花かよ」と訳のわからないダメ出しをされ、まわりからも嘲笑されるという地獄の時間だった。

あまりに日々ダメ出しをされつづけたことで、メール一つ開封するのさえ、ものすごい時間と勇気が必要になった。

僕はどんどん心を閉ざし、怒りと悔しさで酒量ばかりが増えていった。会社の呑み会でもクレージーに酔っ払うことでまわりから攻め込まれなくはなったが、酒の場でしか存在感のない自分が情けなかった。

僕はいきなりトップランカーになれると勘違いしていた。

現実とのギャップを受け入れられず、成果は上がらず、社内外の誰からも認められず、家に帰れず、常に睡眠不足。

こんな人生なら早く終わってほしいとさえ思っていた。

おそらく精神も病んでいたと思う。

最初の一年で僕の自己肯定感は粉々になった。

コメントをくれた宿毛出身の同僚も同じように苦しんでいたが、彼はコピーライターとしての能力があったようで、大きな広告の賞を獲って大手の広告会社に転職した。力のある奴はそうやって脱出していった。

僕も何度も脱出を図った。中堅の出版社から内定をもらったこともあった。でも転職はしなかった。愚痴を言い合っていた同僚には「ここで逃げたらクセになるからな」と強がったが、実際はさらに待遇が悪かっただけだ。案の定その出版社は数年後に潰れた。

恥もプライドも捨てて、辞めてきた新聞社の中途採用試験を受けたこともあった。書類選考で落ちた。大金をかけて採用してやったのに、たった四年で辞めたあげく、やっぱり世の中厳しかったですと逃げ帰ってくるような奴を採用するわけがない。それがわからないくらい、僕は追い込まれていた。それほど逃げ出したかった。

結局わかったのは、本来の僕は待遇のいい大手企業に入れるほどの力がなかったということだけだった。

それでも地獄の日々を三年四年と生きのび、なんとか処世術も身につけていった。後輩も増え、一応それなりのポジションにもなった。とはいえ、その後輩たちも「目指したいと思える人がいないんですよね」と平然と僕に言い放つ始末。オフィスグリコをただ食いする奴。会社貸与の携帯を私用に毎月何万円も使う奴。メンタルを殺られ、出社拒否や逃亡を図る若手たち。会議では怒号が飛び交い、愛社精神のかけらもない奴らばかりが増えていった。

雰囲気も景気も悪くなり、精鋭部隊という名目で、会社に反発ばかりしている面倒な奴ら四、五人を集めて、子会社をつくることになった。会社にも人生にも絶望していた僕も、その面倒な奴の一人に数えられた。

そしてつくった会社の代表を最年長でもない僕がやることになった。

薄々「やることになるだろうな」という予感はしていた。

千葉から来たという行商のお婆さんが、いきなりビルの八階にあるオフィスに入ってきたことがあった。

でっかい荷物を背負ったお婆さんは、エレベーターから降りるなり、他の社員には見向きもせず、一目散にツカツカと僕に向かってきて、「おひとつどうですか？」と落花生を売りつけてきた。確か一袋八百円くらいだったと思う。

それで買ってしまう僕もどうかと思うが、それほど断り下手な圧しに弱いキャラに見えたのだろう。

ゆえに社長就任にしても、「やっぱり小林が適任だよ」とほぼ議論なく決まった。そもそも制作だけしたい人間ばかりだ。ただでさえ忙しいのに、給料が増えるわけでもない社長になって面倒な経営業務なんて誰もやりたくないのだ。

株式会社を設立して代表となったことで僕は元の親会社から転籍となった。他のメンバーもあれだけ会社に表立って不満をぶちまけていたのだから、よろこんで転籍すると思っていた。しかし「そんなリスク、冒せるわけないだろ」と全員が平然と拒否した。どの口がと唖然とした。僕一人だけがお人好しだったようだ。

何をするかより、どこでするかより、〈誰とするかが大切〉という僕の信念は、この頃の経験によるところが大きい。人は一人では生きていけないからこそ、どんな人と一緒にいるかで人生の幸福度は決まるのだ。

新しい会社自体は一見うまく運営できていた。

精鋭部隊というだけあり、制作物のクオリティは高く、プレゼンは連戦連勝。専門誌に取り上げられることもあった。その実、社内では、昼間からマリファナを吸い、突然彫り師がやってきてメンバーにタトゥーを彫り始めるような無法地帯だった。社長の僕は「バレんなよ」とぎこちなく笑うのがせいぜいで、もはや手に負えなかった。

くわえて経理や法務で僕はすぐにパニック状態に陥り、親会社の社長に泣きついてなんとか助けてもらった。

あのまま一人で抱え込んでいたら、ぶっ倒れていただろう。

しかし、そのあと僕は本当にぶっ倒れることになる。


ちょうどその頃、闘病中だった父の状態がいよいよ悪くなり、週三回の人工透析が必要になった。

すでに一人で歩くこともままならない状態で、行政頼みのヘルパーさんだけでは対応しきれず、必然、家族がやることになった。

プレゼンに向けて徹夜で準備し、そのまま会社から実家に帰り、父を病院に連れていき、透析している間に待合の長イスで仮眠を取るようなことが何度もあった。

そんな生活が長続きするわけがない。

ある日、父の透析から会社に戻り、トイレで用を足していたときだった。

手を洗おうとした瞬間、視界が突然グニャリと変形した。そして操り人形の糸が切れたように、僕はスコンとその場に倒れ込んでしまったのだ。

しばらくしてよろよろとオフィスに戻り、後輩のデザイナーに「さっきトイレでぶっ倒れちゃったよ」と軽口をたたいた。

すると、その後輩が人差し指のタトゥーを震わせながら僕の目を指差し、「やばいっす。やばいっすよ。すぐ病院行った方がいいっす。目が、目が、なんか。眼球がブルブルブルブル震えてますよ」と教えてくれた。

診断は突発性難聴。左耳の聴力が極端に落ち、ずっと海の中にいるような耳鳴りが響いていた。めまいが激しく、片足だと立つこともできない状態だった。

再発するようなら〈メニエール病〉だと言われ、イソバイドという悪魔的に苦い飲み薬を処方された。以後、極端に忙しくなると、めまいや耳鳴りに悩まされるようになった。

このとき、僕は、事実上、死んだ。

すでに自己肯定感は、完全に崩壊していた。たまに仕事を褒められても、「どうせバカにしてんだろ」と素直によろこべないほどひねくれ、ネガティブになっていた。そんな自分がまた嫌になり、自己嫌悪の無限ループに陥っていた。

給料は大して上がらず、労働時間は高止まり。一年後もどうせ似たような状況に決まっている。未来に明るい希望なんて見いだせない。

ついには体も壊れた。

このままこの会社にいたら、本当に死んでしまうかも知れない。それもこれも自分が選んだ道であり、誰も守ってはくれないのだと恐怖した。

僕は六年半勤めたこの小さな制作会社を辞めることにした。

そして、一度死んだなら、生まれ変わろうと思った。

築五十年のカビ臭い部屋から引っ越し、犬と暮らしはじめ、まったく畑違いの国際NGO団体に転職した。

自己肯定感が破壊されていた僕は、きっとわかりやすく自分の存在価値を感じたかったのだと思う。これまで旅先で古着や文房具を子どもたちにあげたりしていた。国際協力という途上国を対象にした支援活動なら、自分を必要としてくれる人がきっといると考えたのだ。

最初の現場は、スリランカの大雨による洪水被害の支援だった。

十年ぶりに訪れたスリランカで、僕は被災した人たちに支援物資を配布しまくった。自分の体ほどもある支援物資を抱えた少女の笑顔に胸が熱くなった。それは人の不幸の上でしか味わうことのできない、罪悪感をともなった快感だった。

帰国後、東日本大震災が発生し、再び僕は被災地で支援活動に奔走した。やりがいに満ち満ちていた。

けれど、震災から半年もたたずに、今度はＮＧＯを辞めて、フリーランスのライターになった。父につづいて、母も患っていた病が悪化し、他人様の支援どころではないと自由のきく働き方に転身したのだ。

ただ今振り返ると、行商のお婆さんに押し売りされるくらい圧しに弱く、人の顔色や言葉を気にしすぎてしまう吃音の僕が、耳鳴りに悩まされずに生きていくには、結局、フリーランスの道しかなかったとも思う。

フリーになって最初の数年は、つらかった暗黒時代の人脈からご祝儀のように仕事をたくさんもらえた。あの時代がなければ、のたれ死んでいたかもしれないと思うと皮肉だ。

とはいえ、自己肯定感が破壊されていた僕の不安は尽きなかった。だから、仕事を受けまくった。好きとか嫌いとか、得意とか苦手とか。そんなこと気にする余裕もなく、きた仕事は全部受けた。仕事が切れることが怖かった。

その結果、幼なじみの親友が死んだ。不慮の事故だった。彼の妹から連絡を受けたとき、僕は自分のせいだと錯覚した。どうせ年末に会えばいいだろうと彼からの連絡を適当にあしらってばかりいた自分を猛烈に悔いた。

命はいつ潰えるか、わからない。

いつかやりたい。いつか行きたい。いつか会いたい。

そのいつかは、訪れないかもしれないのだと悟った。

自分の欲望をもっと優先しようと思った。

NGOを辞めた後も東日本大震災の被災地でボランティアをつづけた。その体験を書き残そうといろいろなコンテストに応募した。何度目かの挑戦で、運良く本となった。

「自分の人生なのに、ずっと他の誰かの人生を生きているような気がしていた」

はじめての著書の冒頭の一行目に、最後の最後にそう書き足した。

原稿が手を離れたら発売を待たずに、ずっと憧れていたヒマラヤの麓にある北インドのラダック地方を旅した。

その旅の話が、またとあるコンテストにひっかかり二冊目の本となった。

執筆最後の二週間は医者も首を傾げる原因不明の鼻血が毎日出続けた。それでもめまいや耳鳴りに襲われることはなかった。体は追い込まれていても、心は解放されていたのだと思う。原稿が手を離れると鼻血はピタリと止まった。

新卒で入社した新聞社の朝刊にその本の広告が出たときは感慨深かった。辞めたことがよかったのかは今もわからないが、辞めていなければこんな経験はできなかっただろうと思った。

一冊目も二冊目も、本にしてくれたコンテンストはどちらもできたばかりの第一回でライバルが少なかったのだと思う。受賞できたのは本当にラッキーだった。

本を書いて思うのは、コンプレックスだったまわりの目や言葉を気にしすぎる自意識過剰な性格は、案外ささいな人の行動や言動をキャッチするのに役立っている。

行商のお婆さんに押し切られるほどの圧しに弱い気質は、人にあまり警戒心を抱かれないようで、初対面でも家に上げてもらえたり、インドでインド人に道を聞かれたり、一人旅ではむしろ得かもしれない。

結局、自分というものを変えていくのは、なかなか大変だ。

だから、置かれている環境を変えたり、自分の活かし方を変えたりしながら、自分の心が楽になる生き方を見つけることが大事なのだと思う。そして少しずつ自分を変えていけばいい。

自分を守るのは、自分しかいない。
やりたいこと。嫌でもやらなきゃいけないこと。やらなくていいこと。
生きていくのは、複雑極まりない。矛盾にあふれ、正解はない。
それなら、あまり考えすぎず、意味を求めすぎず、自分の心に素直に従う方がいい。
自分にしか意味のないことほど、大切なことはないのだ。

8

宿毛――八幡浜――双海

寄り道

悪者に鼻先をかじられる夢で目が覚めた。まだ四時前。土砂災害の警報の行方が気になって熟睡できなかった。

昨晩買っておいたプロテインゼリーを飲みながら、今日のプランを考える。

避難指示が出ていた宇和島は、警戒レベルが全員避難の4から高齢者等避難の3に下がったが、まだ雨は降りつづいていた。

ただ部屋の窓から外をのぞくと宿毛の町は小雨。ほとんど気にならないレベルだ。

愛媛の宇和島までは約六十キロ。通常なら四時間程度の距離だ。走っているうちに雨雲が動き、宇和島の警戒レベルも下がってくれるといいが、ダメならまたそのとき考えよう。

僕は宿毛を発つことにした。

明け方の町は気温二十三度。雨のおかげで気温が低く快適だ。ただ雨が止めばまた気温は上がるだろう。

国道五六号を一時間ほど走り、愛南町《あいなんちょう》に入った。

ついに愛媛に帰ってきた。僕は静かに興奮しながら、キツい山道を走りつづけた。

愛南町の市街地に入ると道は再び海沿いとなった。

うっすらと水平線が見える。心なしか空も少し明るい。このまま雨が止んでくれないかなと願うが、宇和島の警戒レベルは3のまま。赤いエリアが減ったり増えたり一進一退を繰り返していた。

微妙だなと思っているとまた雨が強くなってきた。都合よくあらわれたコンビニに急いで駆け込んだ。

雨雲レーダーによれば三十分は激しく降りつづく。宇和島まであと二時間くらいだが、その間の道には〈警戒レベル3〉のエリアがある。ひとまずコンビニで休憩させてもらうことにした。

イートインコーナーでホットコーヒーを飲みながら雨を眺める。時折トラックが走り去っていく。

外に停めた僕のキャノンデールが視界に入った。

フレームが泥だらけだった。

リアのブレーキはかなり効きが悪くなってきていたが、フロントのブレーキがしっかりと効いてくれているし、毎度の立ち漕ぎもシンドイけれど、こういうものだといつの間にかイライラせず気にならなくなっていた。人間慣れてしまえば、不便さや厄介事も案外受け入れられるものだと思った。

三十分後、雨は雨雲レーダーの予測通りぴたりと止んだ。

宇和島の警戒レベルも3から2へとダウン。理想的な展開だ。〈警戒レベル2〉は避難経路の要確認など予断を許さないレベルではあるが、4から3へ、そして2へとダウンしてきたことを踏まえれば、徐々に危険度は緩和されていくはずだ。

ついにぶ厚かった雨雲が消え去ろうとしていた。

僕は意気揚々と道に飛び出した。久しぶりに雨を気にすることのないサイクリングに浸った。海を眺めながら、風を感じられて気持ちがいい。

そして、ついに雲の隙間から太陽の姿が見えた。あんなに憎かった太陽なのに、思わず、

「おーー」と歓喜の声が漏れた。

キツい登り坂を越えると道は海沿いから内陸へとのびていく。トンネルが多く、まだ路

面が濡れていて少し怖いが自転車専用のトンネル道があって助かる。

雨宿りしたコンビニから一時間ほど走り、国道五六号沿いに日本家屋風の喫茶店が見えた。朝ホテルで注入したプロテインゼリーが粉っぽくてまずかった。お米を食べたい。寄ることにした。

座敷でおにぎりセットのモーニングをいただく。温かいおにぎりに味噌汁が美味しい。まだ今朝は三時間くらいしか走っていないのに、靴を脱ぐと緊張から解放されて疲労が漏れ出し動く気力が削がれた。久々太陽を拝めてテンションは上がったが、体は確実に疲れている。事故を起こさないよう集中しようと気を引き締めた。

再び国道五六号を走りつづける。ブルーラインに〈四国一周　宇和島〉のサイン。距離表記がないということは中心の市街地も近いということか。

長い坂を越えて下りに入ると緑の木々に混じって、人工的な建造物の割合が増えていく。やがて完全に市街地に入った。

いよいよブルーラインに〈四国一周　松山　１０５㎞〉とゴールとなる松山の文字があらわれた。

西予市《せいよ》に向かって長い長い登り坂がつづく。短いトンネルがつづく。暑い。キツい。台風の後は、また三十度超えのあのうだるような暑さが戻ってきていた。

立ち漕ぎでゆっくりゆっくり進みながら、かなり見晴らしのいい高さまで登ってきた。まだ空は白い雲におおわれているが、静かな海が見えた。遠くにはうっすらと島の影。未知の世界の大分か。シコイチができたら、九州一周もできるだろうか。その次は北海道。そしてニュージーランド。旅はいくらでも広がる。お腹が減った。喫茶店でモーニングを食べてから二時間以上走り、おにぎり二個分のカロリーを軽く消費していた。

長い坂を登り切り、フラットな道がつづくあたりでランチにしよう。坂の途中で停まりたくない。と思っていたのだが、坂の途中にレンガ積みの雰囲気の良さそうな純喫茶が見えた。入り口の小人の置物が気になり、なんとなく店にすいこまれた。

「いらっしゃいませ！」

チャーミングな女性が満面の笑顔で迎えてくれた。その向こうには、小さなダックスフンドがチョコチョコ歩いていた。

元気がでた。

これまで旅といえば移動はもっぱらバスや電車だった。目的地から目的地まで僕を効率よく運んでくれる。時間の限られた旅では、これほど便利なものはない。ただ目的地から目的地の間をすっ飛ばすような便利さは、ときにどこでもドアのような空虚さを感じることもあった。

歴史ある観光名所も素晴らしいが、僕の場合は寄り道のようなささいなエピソードが色濃く思い出に残っていることが多い。

シリアからヨルダンまで旅したときもそうだ。

ラピュタ城のモデルの一つともいわれる古城クラック・デ・シュヴァリエやインディ・ジョーンズの映画の舞台にもなったペトラ遺跡をはじめ、古代都市アレッポ、死海、月の谷ワディ・ラム砂漠などなど超のつく名所は印象深かったし、そこで暮らす人々との思い出もたくさんある。けれど、あの旅で真っ先に思い出すのはシリアからヨルダンまで数日を一緒に旅した一人のアイルランド人のことだ。

この男は、シリアの首都ダマスカスに着くなり、「ビールが呑みたい」と言い出し、闇夜の町を二時間も三時間も歩いて探し回るような変な奴だった。

「ここはシリアなんだから、酒なんてどこにもないよ、もう諦めよう」と僕がいくら言っても、「絶対にある！」と聞き入れず、最後には、こっそり売っている店を見つけ出してしまった。

そのスーパー頑固者の彼は、なんと自分のお兄さんのパスポートで旅をしていた。しかも五ヶ国目という。自分のパスポートを持っていないわけではない。ただ単に「他人のパスポートで旅ができたら面白いだろ」というだけの理由だった。

「大丈夫なのか？」と心配すると「俺と兄貴の顔の見分けなんてつかねーだろ」と言われて得心した。

僕は数日一緒にいたから、ひょろっとした本人と首の太いラガーマンのようなお兄さんの雰囲気の違いを指摘できるが、実際は「おい、これ、わかる？」とパスポートを見せられても言われるまで別人とは思いもしなかった。空港や国境のシリア人やヨルダン人が「これ、あんたじゃないでしょ」と瞬時に見破れるとは思えない。すごい度胸だ。とても真似できない。というか、したいとも思わない。そもそも法律違反だし、何の意味があるのだと呆れてしまう。だが、彼にとっては意味のあることなのだ。

自分にしか意味のないことほど大切なことはない。なぜなら、ほかにやる人がいないのだから。

その究極が一人旅だ。でも自己満足を追求し、自分勝手な寄り道が多い旅ほど、僕の心に深く刻まれる。自分の人生を生きているという実感が得られるのだ。

チャーミングなお姉さんが持ってきてくれたメニューを見て驚いた。ランチメニューは四つ。それ以外に、丼物、麺類、スパゲティー、カレー、ピラフがそれぞれ四、五種類ずつあり、定食は肉と魚の揚げ物から焼きそば、ホルモンうどんとなんでもござれだ。ジャズバーみたいな趣の店内に、コーヒーにこだわり、フードメニューは絞っています、みたいな雰囲気を感じていたから予想外だった。

悩ましいところだが、今は何より体力、となればスタミナ丼だ。

お姉さんがタメ語でカウンター裏の男性に注文を伝えた。

愛媛の南西部の過疎の町で実家の喫茶店を営む父と娘。笑顔が素敵な娘さんは常連さんたちとも慣れた感じで談笑していて、なかなか繁盛しているお店に見える。夜はお酒も出すようだ。この先、お店はどうするのだろう。売り上げはどれくらいなのか。席数から計算するに……と余計な妄想を膨らませていると、スタミナ丼がきた。

白米の上にキャベツを敷き、豚肉とおぼしき平べったい肉がどんぶりからはみ出すほど豪快に盛られ、その上に目玉焼きがドンとのっている。

我が家は病弱な父のせいで無塩、減塩の食事ばかりだったから、僕の舌には少々味が濃く感じたが、疲れた体にやはり肉はうれしい。味噌汁とあわせて汗で流れた塩分も補給できた。

食後のコーヒーでまったりしていると、テーブルの下で横になっていたダックスフンドが立ち上がり、ゆっくりと動き出した。

店内を徘徊。僕の方にも近寄ってきてくれた。やった、と手を出してみたがスルー。

「もうあんまり見えてないいんですよね」と娘さん。

「高齢なんですか？」

「十七歳なんです」

それはすごい。犬の平均寿命は十四、五歳だから相当の長生きだ。人間なら百歳くらいのインパクトがある。

小学生の頃、我が家にもダックスフンドがいた。十一歳過ぎまで生きた。姉の友だちが産まれたばかりの子犬のもらい手を探していて、僕が「絶対に世話するから」と家族を説得して飼うことになったのだが、結局、僕はほとんど世話をしなかった。死に際、横たわる愛犬を撫でていたら、母から「最期だけそんなことしたってダメだよ」と呆れられた。世話はほとんど母がしていた。

いま我が家には十三歳になるフレンチブルドッグがいる。散歩も数分、一日をほとんど寝て過ごし、オヤツにも反応しなくなってきているが短命な個体の特性からすれば、よく頑張っている。子どもの頃にできなかった後悔にリベンジできるのが大人の醍醐味であり、役目でもある。お店のダックスフンドを見ていたら自宅で僕の帰りを待つ愛犬を思い出した。隙あらばお尻をちょこっとくっつけてくるあの肉の塊のような体の感触が恋しくなった。

娘さんと話していたら、ダックスが粗相をしてしまった。

「あ、ごめんなさいね」裏から出てきたお母さんがすぐに片付ける。

「すみません。少しボケてきちゃってて」と苦い顔で謝る娘さん。

「いえいえ。すごいですよ、十七歳でもちゃんと歩いてて」

常連さんも温かい眼差しで見守っている。憤る人もいない。誰だって歳をとるのだ。

会計を終えてから店先にあったホースをお借りして、ここ数日の大雨で自転車についた泥を落とした。

やがてすべては旅になる

お腹も満たされ、清々しい気分で国道五六号を再び走り出す。

フラットな道から登りに入った。また登りだ。

地図をチェックすると道は大洲《おおず》市の市街に向かっている。松山へは最短距離だが、これだと海から遠ざかってしまう。

僕にはどうしても寄りたいところがあった。

坂を登り切ってから大きく左にまわって海へと向かう県道を走ることにした。一時間ほどで八幡浜《やわたはま》の市街に入った。

浜と名がつくだけあって八幡浜は港町で、漁船やフェリーが停泊していた。ここから大分に行けるようだ。ということは、四国、九州を一気にまわる壮大な旅もできるのか。りっぱな道の駅に、大きな水産物の卸売市場。四国有数の水揚げ量を誇るようで競りなんかもやっているのだろう。近くには青果市場もある。八幡浜は温州みかんをはじめとする全国有数の柑橘の中心生産地でもあるそうだ。

ただ大きな町に見える八幡浜も人口七万人だった昭和三十年をピークに、現在は三万人を少し超えるくらいまで過疎化が進んでいる。

少し前、全国の半数を超える市町村が〈過疎地域〉になったというニュースを見た。世界最大の都市人口を誇る東京とそのまわりの埼玉、千葉、神奈川だけで日本の総人口の約三割が住んでいるという。都市集中の流れは世界的にも同じで、世界人口の半数以上が大小の都市に暮らし、二〇五〇年までには七割近くに達すると見られている。

これだけ都市に人が集中していると、世の中があっと驚くような革新的な何かを都市から生み出すことはもうできそうもないように思えてくる。人と同じことをしていても、何かの前例にはなれないだろう。

シコイチのブルーラインは、八幡浜の住宅街にものびていた。車線のない細い道には小さな民家や商店が軒を連ねている。スピードは出せないが大通りばかりではないルートも面白い。

保内町《ほないちょう》に入ると瀬戸内の海が左手に広がり、きれいに舗装された国道三七八号がどこまでものびていた。

ついにきた。

〈夕やけ小やけライン〉

大洲市の長浜《ながはま》から伊予《いよ》市の双海町《ふたみちょう》までのびる海岸線。その距離三十一・六キロ。目の前に広がる瀬戸内の伊予灘には、噂通り島影が一つとしてなかった。

すごい……。

広い映画館を貸し切っているような、海を一人占めている気分だった。

おだやかな波の音が静かに漂い、海沿いにフラットな道がどこまでもつづく。午後の心地よい風を浴びながら、景色を味わうようにゆっくりと走った。

伊予市《いよ》に入ると雲もどこかへ消え、何日ぶりかの青い空が広がった。

走るにつれ海も青さを増していった。

傾きはじめた日差しが水面をほんのりとオレンジ色に染める。この旅いちばんの景色のなか、最高の気分でペダルを漕ぎまくった。


夕やけ小やけラインを見下ろすようにのびる一本の線路。

短いホームには三本の柱と屋根だけの古びた上屋に青いベンチが二つ。その向こうに広がる瀬戸内の海は、まるで相対する大きなプラットホーム。

無人の下灘《しもなだ》駅は、海に浮かんでいるようだった。

こんな景色、はじめて見た。

やがてまあるい太陽が姿をあらわし、少しずつ水平線へと近づいていく。オレンジの光が海の上を滑るようにすーっと僕に向かってのびてくる。下灘駅のある双海町は、その夕日の美しさから、〈しずむ夕日が立ちどまる町〉といわれていた。

今日は夜明け前に高知の宿毛を出発して、百五十キロ以上走っていた。でも不思議と疲れは感じていなかった。

もしシコイチを逆回りでスタートしていたら、この景色を初日に拝んでいたことになる。シフトレバーもまだ折れていなくて、早すぎる梅雨明けを呪い、殺しにかかってくる太陽を呪い、この美しい夕日に呪詛の言葉を吐いていたことだろう。

いま、僕の心は目の前の瀬戸内の海のようにおだやかだった。

シフトレバーの破損も殺人的な暑さも土砂降りの雷雨もギア一枚で乗り越えたいくつもの坂も、旅のクライマックスのこの瞬間を盛り上げるための不可欠な試練だったとさえ思えていた。

夕日を浴びる自転車のハンドルは、シフトレバーが折れ、バーテープはベロベロに剝がれてしまっていた。リアのブレーキもほとんど効かない。それでも、僕をここまで運んでくれた。

本当に丈夫な自転車でよかった。譲ってくれたのは、思い出したくもない暗黒時代の後輩だ。あの苦しい時代があったから、この旅ができたのだ。

あの頃は、とにかく自分の存在を消したかった。透明人間になりたかった。

だから旅に逃げた。

たった四日間でもミャンマーに飛んだ。

パキスタン、イラン、シリア、ヨルダン……、できるだけ自分の暮らす東京とは遠く離れた景色のなかに逃げ込みたかった。

旅をすると知らないことに出会えて、旅する前より自分が強くなれた気がした。人のやさしさにふれられた。どこか自分の存在が肯定されたような気になり、生きる気力を取り戻した。でも帰国してはまた現実に絶望し、また旅に逃げた。もし旅すらできないほどの奴隷契約だったら、早晩、僕の人生は詰んでいただろう。

旅があってよかった。

そして、あの暗黒時代もまた旅の一つなのだ。

あれは六年半にもおよぶ長い長い旅だった。記憶から消し去りたいくらい嫌なことばかりのめちゃくちゃ大変な旅だった。でも真っ黒い思い出ばかりの旅ほど、その先の人生を明るく照らしてくれるのかもしれない。

予想外の悪天候や折れたシフトレバーが、いま双海の夕日を最高の景色にしてくれているように。

ありゃひどかったと笑えるときが、いつの日かきっとくる。

やがて、すべては旅になる。

だから、とにかく生きのびよう。

そしてまた旅をして、少しずつ生きる自信を積み重ねていけばいい。

そう思い至ると、これまでの人生のアレコレが少しずつポジティブに思えてきた。

松山まであと二十五キロ。

ゴールはもうすぐだ。

伊予市
Iyo City

エピローグ　双海―松山

誰もいないドミトリーで目を覚ました。屋上へ出ると遠くに見える山の奥から朝日が昇ろうとしていた。

双海の町では、道の駅の近くにできたばかりのゲストハウスに泊まった。宿のオーナーは、若い女性だった。神奈川県の横浜育ちで幼少の頃から祖父母のいる双海の町に遊びにきていたそうだ。

「この町は過疎でもう終わっとる」と嘆く祖母の言葉に、「この町をなんとかしたい」と奮い立ち、ゲストハウスをつくってしまったという。

目標額の倍の資金を調達したクラウドファンディングのページをのぞくと、彼女は高校生の頃から一人旅をはじめ、国内外を旅するなかで「いつかゲストハウスをやったら、とっても面白いだろうな」と思っていたというから、長年の思いをついに実現したというわけだ。

大学四年生のときに双海に移住し、卒業後もそのまま双海で暮らしながら町を盛り上げるさまざまな活動をしているという。

「町おこしで知り合うのはお父さん世代の人たちばかりで、同世代がいないんですよね」と笑う彼女の人間力を前に、日本の未来は明るいと思った。

松山に帰る前に、もう一度、夕やけ小やけラインを走った。双海の朝は少し霧がかかっていて、霞んだ景色にもう一つテンションはあがらなかった。名前の通りやはり夕方にこそ走る道なのだ。昨日の夕方走ることができてよかった。

伊予の市街地に近づくにつれ関東でもよく見かけるチェーン店が増え、日本中がどんどん均質化されているのを実感した。

伊丹十三記念館にも寄ってみた。

他にお客さんはいなく、おかげでゆっくりと見ることができた。あらためて多才ぶりに驚いたし、初の映画監督作品が五十一歳とは知らなかった。もっと若いと思っていた。

午後二時半。

ゴールの愛媛県庁に帰ってきた。誰もいないゴールにどこか居心地が悪かった。興奮を共有する相手がいないのは一人旅の常なので仕方がない。

スマホのアルバムを開いた。旅の初日に新居浜の夕日をバッグにJさんと撮った写真が目に止まった。

込み上げてきた達成感をゆっくりと一人で味わった。

後日、気象庁は六月二十八日頃としていた梅雨明けをほぼ例年通りの七月二十二日頃へと大幅に修正した。

今年もいつも通りの夏だった。

あとがき

子どもの頃、私は友人たちと毎日のように自転車に乗っていた。新宿に映画を観に行ったり、渋谷に買い物に行ったり、たまに銀座を抜けて晴海埠頭まで走っては海を眺めながら朝を迎えたり。それぞれ独自の最短ルートを持っていて、誰が一番速く着くかよく競い合っていた。

自転車は当時の私たちにとって不可欠な乗り物だったが、いつしか自転車のない生活が当たり前になっていった。

再び自転車に乗るきっかけをくれたのは、小・中学校の同級生だった台湾人のUだ。彼は仲間内でもダントツに速い男だった。スピードだけでなく、東京から名古屋までの約三百五十キロを二十四時間かけて自転車で走ってしまう規格外の男だった。

そのUが結婚することになり、私は幼なじみの晴れ舞台に自転車で台湾を一周して参加しようと思い立った。千キロのツーリングなんて、もちろん経験はない。だが、これ以上ふさわしいアプローチを思いつかず、子どもの頃の感覚で自転車なら永遠に走りつづけられるだろうと軽い気持ちで挑戦したのだ。

当然、永遠に走ることなんてできなかった。あまりのキツさに挑戦を何度も後悔した。だが、はじめての地に一筆書きのように轍を残す自転車の旅は、寝ていてもたどり着く電車やバスとは異なる没入感があった。自らがペダルを漕がなければ、旅が一ミリも前へと進まない厳しさは、同時に果てしない自由さも感じた。自らの肉体を駆使することで得られる驚異的な機動力は、地続きの日常を突き抜け、心が解放されていくような得難い快感に浸ることができた。

子どもの頃とは明らかに違う感覚は、私の日常が当時より抑圧され、閉塞感があるからなのだろう。しばらく箸が握れないほど消耗しながら、またすぐに旅に出たくなる中毒性をともなっていた。

以来、自転車でいろいろなところを走り回っている。

先月は、北海道を走った。天気もよく、自転車も壊れなければ、どれくらい走れるのか。現時点での限界を探る旅だった。

八日間で約千五百キロ。連日二百キロ以上走ることができたが、体へのダメージは想像以上に大きく、ここいらが限界だと悟った。ただ、それでも昨年走った四国の旅の方がキツかったと感じている。今振り返っても、酷暑と豪雨のなかをギア一枚で本当に走り切れたのかと信じられない思いだ。もう一度やれと言われてもできないだろう、というか断る。

しかし不思議なもので、あれほど己を追い込むような旅の記録を綴っていたら、これまで誰にも話したことのないような自らの恥部やコンプレックスをさらけ出すことができた。書き終えた今は妙な清々しさすら感じている。

結局、私がこの本でいいたかったことは、世知辛い世の中をなんとか生きていくために、私は旅をしてきたということだ。旅は素晴らしいなんて声高に語る気もなければ、他人へ推奨する気なんてサラサラない。旅は金もかかるし、時間もかかる。危険もともなう。もっとコスパよく安全なものがあれば、そっちの方が断然いいと思っている。ただ私にとっては今のところ旅に代わるものがなく、さらにいえば、いま私は自転車の旅に夢中だ。これほど好奇心を刺激されながら自己解放できる手段を今のところ私は知らない。

きっと私にとっての旅のような存在が、誰しも一つくらいはあるのではないだろうか。

それさえあれば、人はどんなに追い込まれても何とか逃げおおせ、生きのびることができる気がしている。生きていれば、そのうち楽しいことにもめぐり合えるだろう。だからもうしばらく自転車の旅をつづけたいと思っている。

最後に本書刊行にあたり協力してくださった方々にこの場を借りてお礼を申し上げたい。四国の皆様には大変お世話になりました。知らないことがいっぱいありました。四国のさまざまな情報を寄せてくれた友人、知人の皆さん、不安な一人旅でとても心強かったです。また編集を担当してくださった産業編集センターの佐々木勇志さんには、ときに暴走する私の筆致を冷静にいさめていただきました。

そして、この旅の相棒であるキャノンデール　ＸＳ８００を私に託してくれた小田雄太くん。いまやデザイン界におさまらない活躍をみせている小田くんのおかげで、私の世界は大きく広がりました。あなたがすべてのはじまりです。

二〇二三年七月二十一日　小林みちたか

小林みちたか（こばやし・みちたか）

1976年東京生まれ。慶應義塾大学総合政策学部卒。2000年朝日新聞社入社、04年退社。広告制作会社、国際NGO団体を経て、11年よりフリー。東日本大震災のボランティア活動を綴った『震災ジャンキー』（草思社）で第1回草思社文芸社W出版賞・草思社金賞を受賞。北インドのラダック地方を旅した私小説的紀行『死を喰う犬』（産業編集センター）で第1回わたしの旅ブックス新人賞を受賞。その他に、東北の太平洋沿岸部を旅した作で『第9回子どものための感動ノンフィクション』優秀作品を受賞。

わたしの旅ブックス

048

やがてすべては旅になる
壊れた自転車で行く四国一周

2023年9月13日第1刷発行

著者――――――小林みちたか

デザイン――――松田行正＋杉本聖士（マツダオフィス）

編集――――――佐々木勇志（産業編集センター）

地図作成――――山本祥子（産業編集センター）

発行所―――――株式会社産業編集センター
〒112-0011
東京都文京区千石4-39-17
TEL 03-5395-6133FAX 03-5395-5320
https://www.shc.co.jp/book

印刷・製本 ―――株式会社シナノパブリッシングプレス

ISBN978-4-86311-380-0 C0026